L'or de la felouque

Yves Thériault

L'or de la felouque

Ecole du Sacré-Coeur
Welland, Ontario

COLLECTION **ATOUT**

Données de catalogage avant publication (Canada)

Thériault, Yves

   L'OR DE LA FELOUQUE

   (Collection Atout)
   Éd. rev.
   Pour les jeunes.
   Éd. originale : Québec : Éditions Jeunesse, c1969.
   Publ. à l'origine dans la coll. : Plein feu.

   ISBN 2-89428-019-X

   I Titre II. Collection

PS8539.H43O83 1993   jC843'.54   C93-097142-6
PS9539.H43O83 1993
PZ23.T43Or 1993

Le Conseil des Arts du Canada a accordé une subvention
pour la publication de cet ouvrage

Conception graphique:
Nicole Morisset

Illustration:
Marie Lafrance

Mise en page :
Mégatexte

Éditions Hurtubise HMH, Limitée
7360, boulevard Newman
Ville LaSalle, Québec
H8N 1X2
Canada
Téléphone: (514) 364-0323

Dépôt légal/3e trimestre 1993
Bibliothèque nationale du Canada
Bibliothèque nationale du Québec

© Copyright 1981
Éditions Hurtubise HMH, Ltée

Imprimé au Canada

À toute la jeunesse du Québec

Autres titres de la collection Atout

Les Initiés de la Pointe-aux-Cageux
Paul de Grosbois

Ookpik
Louise-Michelle Sauriol

Dans la collection Tête-Bêche

Le Secret
Irina Drozd, Marie-Andrée Clermont

Nord/Sud
Angèle Kingué, Tiziana Beccarelli-Saad

D'autres titres pour les jeunes aux éditions Hurtubise HMH

Denis Côté
Les Parallèles célestes

Paul de Grosbois
Le Cratère du lac Lyster
La Barrique d'or

Louise-Michelle Sauriol
Monde 008 sur la Pointe-Claire
S.O.S. Maya

Madeleine Gaudreault-Labrecque
 Les Aventures de Michel Labre :
 7 titres

Alain Marillac
 Les Aventures de Dan Rixes :
 4 titres

«MA» CÔTE-NORD

D'un coup brusque de la barre, Pierre lofa, braquant l'étrave au creux d'une houle.

La voile s'affaissa; la vergue oscilla un moment, vint soudain balayer le pont et s'abattre à tribord. D'un habile revers de main, Pierre agrippa le vent dans la toile qui se bomba. Le voilier bondit, grimpa la vague, puis inclina paresseusement la coque et reprit sa nouvelle course vers un promontoire abrupt de la côte.

Pierre avait manœuvré si vite, par des gestes d'une telle assurance que Marielle, étendue sur le rouf, n'avait même pas eu le temps de se redresser.

Quand elle le fit, l'embarcation avait déjà changé de cap et, au lieu de remonter vers le point de départ, obliquait vers la rive hautaine, rouge dans le soleil du matin. Découpée en caps hargneux, aux récifs malfaisants, en fjords profonds, où le soleil n'atteignait point encore, la côte paraissait formée de grottes sombres au fond desquelles allaient mourir les lourdes eaux du golfe.

En se retenant aux cordages, la jeune fille vint rejoindre Pierre à son poste de timonier. Le jeune homme, bien installé sur la banquette, lui sourit d'un air un peu moqueur.

— À quoi penses-tu? dit-elle. Tu ne rentres pas? Où allons-nous?

C'était une fille aux yeux rieurs, aux cheveux courts, fous et blonds. Frêle à première vue, elle se révélait, au second regard, dans son maillot de bain en nylon blanc qui moulait son jeune corps de seize ans, une sportive accomplie.

— Où allons-nous? répéta-t-elle, devant le mutisme de Pierre.

Il montra le rivage, les falaises, la silencieuse immensité de ce pays encore trop mal connu. De la mer, on voyait monter les collines aboutées aux falaises: collines douces, recouvertes d'une forêt sans fin.

«Ma Côte-Nord», disait souvent Pierre avec émotion. Comme tous ceux qui habitent ces confins, il se sentait fier d'y vivre. Il éprouvait la joie de posséder en quelque sorte ces contrées riches et encore presque intouchées.

— Tu vois la baie, là-bas, dit-il. Je veux que nous l'explorions ensemble. Je ne crois pas qu'on l'ait visitée souvent depuis le commencement du monde.

Marielle l'observait d'un air indécis. Assise de l'autre côté de la barre, sur la banquette, elle n'osait protester. Il lui avait pourtant dit qu'il pointait sur Baie-Comeau, qu'on allait rentrer déjeuner, et il était déjà dix heures du matin.

— Nous serons en retard, dit Marielle dans une dernière tentative. Il vaudrait mieux revenir cet après-midi.

Depuis son enfance, Marielle passait ses étés dans les Laurentides, au bord du lac Baugé, lac très fréquenté, où fourmillait une jeunesse ardente qui s'y retrouvait chaque année. Il n'était de sports nautiques que ne pratiquât Marielle. Experte-nageuse, elle raffolait de l'exploration sous-marine. Ses performances sur skis nautiques lui avaient valu des championnats. Elle n'avait pas son pareil ou sa pareille dans la navigation à voile, ce qui suscitait même l'envie de robustes garçons de tout âge, tant elle s'y montrait habile.

Un autre monde lui apparaît cette année. Ses parents ayant décidé de voyager en Europe au temps des vacances, on a envoyé Marielle chez sa tante qui demeure à Baie-Comeau, sur la Côte-Nord. Ici, plus rien de familier.

Le lac des Laurentides, elle s'en rend compte soudain, a les dimensions d'un étang. Comparées à l'eau douce, légère du lac Beaugé, les eaux pesantes et puissantes de la mer lui semblent un mystère. Le vent surtout. Sur le lac, il souffle timidement comme une brise. Un voilier s'y berce, porté par d'invisibles mains, douces et tendres. Ici, le vent emporte par rafales. Il accourt de très loin, sans entrave, et quand il s'engouffre dans la voile, il soulève presque les coques hors de l'eau.

Immense solitude de la mer... Effarante, pour Marielle, la solitude du pays. Sitôt sorti de la rade de Baie-Comeau, dès qu'on a doublé la pointe où se trouve la raffinerie d'aluminium, la rive devient sauvage et inhabitée. La forêt est là, à portée de bras. Et elle s'étend si loin derrière qu'on pourrait traverser l'immensité, jusqu'à la baie d'Hudson, sans voir un seul chemin, une seule habitation, et peut-être sans rencontrer âme qui vive.

Effarant, ce pays, certes, mais non déplaisant. Au contraire. Quinze jours après son arrivée, Marielle a ressenti la même exaltation qui s'empare de tous les gens lorsqu'ils découvrent la grandeur et la sauvagerie de la Côte-Nord. Chaque heure qui passe l'attache davantage à ce coin de terre sans horizon, presque écrasant et monstrueux, qui donne à l'homme le sentiment de sa petitesse devant la nature.

Si bien que, si elle avait osé, au bout d'une semaine elle aurait eu la même façon que Pierre de dire, avec de la fierté dans la voix: «Ma Côte-Nord.»

Ce qui l'en empêche, c'est l'impression de rester encore une étrangère. Car envers les gens de son entourage, elle ne sait comment se comporter. Les garçons qu'elle a connus au lac Beaugé, ou encore ses camarades de cours à Montréal, ou simplement les copains de tous les jours, elle a toujours su s'intégrer à eux. Leur langage n'a plus de secret; elle sait évaluer leurs réactions de façon instinctive. Jamais ils ne lui ont posé de problèmes.

Lorsqu'on l'a destinée aux vacances lointaines qu'elle vient d'entreprendre, elle s'est aussitôt écriée:

— Quelle sorte de gens y a-t-il là?

Peu snob, mais habituée à son milieu, elle se voit projetée dans un pays qu'elle ne connaît pas, ou connaît fort mal, ce qui est pire. Qu'y trouvera-t-elle? Comment dialoguer avec des pionniers, des aventuriers, des *reculeurs* de forêt? Elle se sent attirée, cependant. Elle sait au fond qu'elle coudoiera des humains comme les autres, et elle prévoit que leur contact l'enrichira. En même temps, elle craint d'être dépaysée, inférieure de quelque manière. Quoique sportive, elle ignore tout de la chasse, même qu'on ne la pratique pas en été, et tout de la pêche. À quels sports pourra-t-elle se livrer là-bas? Qui seront ses compagnons et — moins important, mais quand même intrigant — ses compagnes?

Elle éprouva donc quelque surprise de trouver à Baie-Comeau, et surtout à

Hauterive, une bourgeoisie aussi évoluée et active que celle avec laquelle elle frayait d'habitude. Surprise aussi de découvrir, dès son arrivée, que la vie de groupe, l'effort communautaire y sont beaucoup plus intenses. Sa plus belle constatation lui apprit que, malgré la présence d'une bourgeoisie déjà bien en place, habitant des maisons ultramodernes et bien pourvues, la ségrégation des classes n'existait à peu près pas, la population entière faisant corps à la moindre occasion, en une fraternisation de bon aloi.

Elle voit cependant une ombre au tableau. Certaines craintes de Marielle se concrétisent. Les garçons qu'elle a rencontrés au début sont des sportifs comme elle: ardents chasseurs quand la saison le permet, pêcheurs habiles, mais aussi, ce qui l'étonne d'abord agréablement et la déroute ensuite, absolument passionnés de sports nautiques.

Le drame, c'est que, nés au bord de la mer, ils la connaissent et que, tout en la respectant, ils la bravent aussi à cœur de jour. Plus particulièrement en voilier, ces garçons font figure de champions, et les prouesses d'eau douce de Marielle pâlissent en comparaison de leurs exploits.

Pierre, par exemple, devenu rapidement le chevalier servant de Marielle, à dix-huit ans manie son voilier de vingt pieds comme s'il s'agissait d'un canot de toile. Il est grand, robuste, semble plus vieux que son âge, solide comme un roc de falaise, souple comme un phoque et — dit Marielle en elle-même, souvent, quand elle le regarde — beau comme un dieu.

Dans leurs manières également, ces gars de la Côte-Nord sidèrent la Montréalaise. Sûrs d'eux-mêmes, avec une force tranquille, adaptés aux immensités qui les entourent, conscients de la souveraineté de la mer et de la forêt, mais fiers aussi de leur propre habileté. Rien d'infantile chez eux, comme il arrive souvent chez les jeunes citadins du même âge. Ce sont des hommes, ou presque. Et Marielle, considérée un peu comme une femme, se sent tiraillée entre la joie résultant de cette nouvelle considération et le goût de redevenir la fillette protégée, choyée qu'elle a toujours été.

Ici, on la traite en camarade. Elle doit prendre part à tous les fardeaux. Ainsi, pour la remontée en canot d'un affluent de la Manicouagan, si Pierre, Gilles et Liliane portent qui le canot, qui les provisions, Marielle se voit confier les avirons, les coussins de caoutchouc et la cassette d'ustensiles. Embarrassée par cette charge hétéroclite, elle a du mal à suivre les autres, et il faut que Pierre vienne, en trois gestes rapides et même brutaux, remettre de l'ordre dans sa façon de porter les choses pour qu'elle comprenne enfin. On l'accepte dans le groupe, mais à condition qu'elle partage à pleine et égale mesure les embêtements et les satisfactions.

Quelle différence pour Marielle, qui évoque la conduite des gens de son milieu, au lac Baugé ou à Montréal! Cette optique neuve ne lui déplaît pas; seulement, elle ne parvient pas d'emblée à s'y faire.

Ce Pierre, entre autres, qui décide subitement d'aller explorer une baie, et change la direction du voilier d'une seule manœuvre incroyablement habile, ne songe même pas qu'elle pourrait protester. Il lui semble, à lui, tout naturel d'ajouter quatre milles au parcours, quitte à rentrer plus tard s'il le faut.

— Ma tante va s'inquiéter, dit Marielle. C'est la seule chose qui me tracasse.

— Ta tante est de la Côte-Nord. Elle sait que le temps est beau et que rien de fâcheux ne nous arrivera, parce que j'ai l'habitude.

Il lui suffit de cela. À Montréal, les suppositions seraient tout autres. Tout autres encore au lac Beaugé, où deux excursionnistes prenant par les bois alimenteraient les commérages des semaines durant.

Ici, on a la mer et la forêt, immenses, présentes surtout, si proches qu'on ne peut s'en évader. Le retard aurait quelque raison d'énerver par temps hargneux. Il ne signifie rien par temps clair, quand Pierre manie le gouvernail.

Rien.

— Tu crois vraiment que ma tante ne s'inquiétera pas?

— Je la connais, moi: elle est ma voisine depuis que je suis né. Tu ne la connais pas, toi: à peine la vois-tu à Montréal tous les deux ans.

Que dire de plus? Le ton de Pierre n'invite pas à la réplique. Marielle sent confusément qu'elle doit acquiescer.

— Comme tu voudras, murmure-t-elle.

— On met un foc, on navigue pleine toile, bas dans le vent, dit Pierre; ainsi on gagne une heure. J'attache la barre et tu m'aides. Arrive.

Les doigts rendus gourds par l'eau froide du golfe, les muscles endoloris par l'effort qu'elle a dû faire pour hisser un foc sur le voilier relativement gros, Marielle revient au rouf, dix minutes plus tard, complètement exténuée.

— De retour à Montréal, je te jure, Pierre, que je serai assez forte pour m'engager comme débardeur.

Pour son genre de voilier, Pierre a besoin d'une toile résistante; elle est lourde à hisser, surtout quand elle gît sur le pont, trempée par les embruns, lavée par la mer, et que, dans l'embarcation inclinée sur sa quille, déferle une vague. Les cordages, alternativement mouillés puis séchés par le soleil, raidis de sel, exigent des bras d'homme lorsqu'il faut les haler. Or, Pierre n'a pas ménagé Marielle. Il ne l'a pas plus ménagée ce jour-là que les autres jours. Pour le plaisir d'être en mer, le partage des besognes.

«Drôle de pays, songe Marielle. Drôles de gens.» Et elle se reprend aussitôt, gagnée par le rire de Pierre qui éclate soudain à la poupe: «Mais je les aime bien.»

Il rit parce que deux mouettes ont frôlé la barque, et, pour les narguer, il a lancé à la mer une petite boule de papier froissé qu'elles se disputent comme des chapardeuses.

Marielle respire à l'aise. Elle se promet de revenir dans ce pays. Elle n'hésiterait pas à abandonner le lac Baugé, les amis de toujours, pour se retrouver ici, en pleine nature, sans tricherie, avec le goût du sel dans la brise, les odeurs parfois capiteuses des épinettes et des pins qui viennent de la forêt et se laissent porter sur le vent jusqu'au grand large de la mer.

— Il y a une plage, note soudain Pierre, montrant le fond de la baie.

Un demi-mille environ les en sépare. Le voilier glisse sur la vague; le vent l'emporte à folle allure.

— Une plage de sable jaune, constate à son tour Marielle.

Il faut attendre midi pour que ce fjord aux hautes parois de pierre soit éclairé jusqu'au fond par le soleil. Pour l'heure, l'ombre le couvre encore. Un peu plus loin, derrière un plain, une fissure apparaît dans la falaise d'où jaillit une étroite chute d'eau blanche qui vient gicler sur le sol et rejoint la mer par une calme embouchure sectionnant la grève en deux.

Cette beauté est si grandiose, si sauvage en même temps, la solitude est si totale que l'image en devient presque obsédante pour Marielle.

Pierre a-t-il deviné l'émoi de la jeune fille? Il sourit et dit tout à coup d'une voix plus douce que d'habitude:

— Tu préférerais qu'il y ait un pont en haut de la chute, des gens sur la plage, et qu'on entende rouler des autos... Le malheur, c'est qu'un jour, on verra ça, lorsque les gens de Montréal et de Québec auront appris le chemin pour venir ici. Pour l'instant, c'est tout simplement beau.

Il a des mots, des façons. «Tout simplement beau.» Marielle le regarde. Elle pense qu'il a raison. C'est impressionnant, certes, mais ça ne doit ni effrayer ni troubler. La nature, à son état pur, a de la bienveillance pour l'homme. Marielle le sait par les livres; mais voilà qu'elle se trouve devant cette nature imposante; elle apprend à la contempler avec respect, non avec crainte. La nature de Dieu.

Le voilier est à deux encablures de l'entrée du fjord. Le courant le porte là. Pierre barre durement à gauche et vide les voiles de tout leur vent. Le bateau hésite, court un peu sur l'erre, puis, docile, obéit au courant et franchit la passe entre deux promontoires géants qui le dominent de leur arrogance.

— Viens, dit Pierre, quand il a jeté l'ancre à cent pieds du sable; le premier arrivé est déclaré champion.

Et il plonge immédiatement, car lui aussi n'est vêtu que de son maillot de bain.

Dans un éclat de rire, Marielle l'a imité; solide et costaud à souhait, Pierre ne la battra tout de même pas à la nage.

Vive comme une truite bleue, elle a tôt fait de le doubler. Triomphante, elle se dresse sur la grève, bras tendus, pour l'accueillir.

UN COUP DE PIED SUR UN TRÉSOR

Quand Pierre sortit de l'eau en s'ébrouant, il vint tout droit vers Marielle, et elle n'eut pas le temps de reculer qu'il l'enlevait dans ses bras. En même temps, ses lèvres au goût de sel cherchèrent la bouche de la jolie adolescente et se posèrent en un baiser étonnamment doux. Aussitôt, Marielle glissa contre lui et retomba sur ses pieds.

La tête penchée, elle le regarda curieusement.

— Pourquoi as-tu fait ça, Pierre?

Ce n'est pas le premier baiser qu'elle reçoit d'un garçon, mais jamais comme celui-là. Qu'a-t-il eu de spécial? Le goût du sel, dans le grand vent qui charrie les fortes odeurs de varech, ou la conscience aiguë de l'immensité solitaire qui les entoure? Marielle se sent remuée jusqu'au fond d'elle-même par ce baiser respectueux, inattendu. Elle croit déceler chez Pierre un émoi semblable à celui qui l'anime, elle, depuis un instant. Il ne s'agit pas de puériles audaces de camarades affectueux, mais, apparemment, d'une tendresse d'homme donnée à une femme, dans un cadre si gigantesque que la grandeur même de ce simple geste semble décuplée.

Immobile devant Pierre, elle répète sa question.

— Pourquoi m'as-tu embrassée?

Le grand gars sourit, ses yeux caressant le visage de Marielle.

— M'aimerais-tu? précise Marielle.

Elle a hésité avant de poser la question. Conviendrait-il, ici, de traiter à la légère le mot amour?

— Dis-le, Pierre. Je veux savoir.

Alors, grave, le jeune homme répond en lui prenant la main:

— Si je ne t'aimais pas, Marielle, crois-tu donc que tu serais avec moi aujourd'hui?

Et elle comprend qu'il dit la vérité. Autre aspect du caractère de ces garçons: francs, entiers, discrets.

L'entraînant par la main, il la conduit jusqu'au sable sec. Ils s'y laissent tomber.

— Le soleil vient, dit Pierre.

Par la passe, du haut de la falaise, le soleil pointe en effet. Dans un peu de temps, il aura atteint la plage et la baignera de sa tiédeur.

— Attendons-le, ajoute-t-il.

Dans la tête de Marielle, les pensées tournoient.

Son cœur bat à se rompre. Une grande envie de rire et de chanter fuse en elle. Pour la première fois de sa vie, elle éprouve un profond sentiment de bonheur.

— Pierre, dit-elle, je veux que tu me le dises encore.

Sans bouger, les yeux fermés, il sourit, mais ne répond pas.

— Pierre, je t'en supplie.

Il fait des gestes avec les doigts, tambourinant sur son torse bronzé.

— Te dire quoi?
— Ce que tu m'as dit tout à l'heure.

— Que je t'aime?

— Oui.

Il agite lentement la tête de haut en bas, les yeux toujours fermés, mais n'ouvre pas la bouche.

— Pierre!

Il se tourne brusquement, se redresse, prend entre ses deux mains la tête de Marielle, ébouriffant ses cheveux d'or.

— Je t'aime, ma Mariouche. Gros comme la falaise.

Et il frotte son nez dans les cheveux de la jeune fille, comme un caniche fouille avec son museau.

— Tu sens bon, dit-il, tu sens la mer. Tu es belle. Et je t'aime.

Le soleil les atteint maintenant. Sa chaleur repousse peu à peu la fraîcheur de l'ombre, du vent et de la mer. Fermant les yeux, à son tour, Marielle savoure doucement un calme bonheur. Ne vivra-t-elle pas pendant deux mois le rêve qu'elle a souvent imaginé sans trop y croire?

Deux mois.

Et pourquoi pas la vie entière? Une sourde révolte se met à gronder en elle.

Dans moins de deux mois, elle repartira vers Montréal. Que se passera-t-il alors?

— Pierre, dit-elle...

Mais comment expliquer? Quels mots employer pour ne pas avoir l'air ridicule? Ne peut-elle donc goûter son bonheur au jour le jour? C'est ce que Pierre dirait.

Elle croit même entendre sa voix. «Vaut mieux laisser le destin suivre son cours. Peut-on vraiment prévoir l'avenir?»

Et pourtant, il faut combattre. Ou refuser l'amour, ou faire en sorte qu'il sache durer. La vie auprès de Pierre!

Maintenant elle comprend pourquoi l'a attirée ce beau gars, mince et pourtant solide, qui sait blaguer quand il le faut et sait aussi être sérieux. Cette soirée passée dans un restaurant, le plus simplement, le plus uniment du monde, assis en face l'un de l'autre, sur une banquette... Il a parlé de ses projets. Il complétera ses études au collège de Hauterive, puis il deviendra ingénieur. Dans sept ans, calcula-t-il avec assurance, il sera établi. Bien entendu, sur la Côte-Nord. Avec confiance il lui a parlé. Avec candeur elle s'est confiée à lui, jusqu'à lui révéler des choses qu'elle n'a jamais dites à personne: ses rêves, les ambitions qu'elle a. Ils ont même parlé du nombre d'enfants qu'ils veulent avoir. Pierre s'en tient à cinq. Marielle, pour sa part, en accueillera dix, s'il y a dans la maison la santé et l'argent requis pour faire face aux besoins.

Deux mois.

Les adultes nomment ces choses des amourettes d'été. Deux adolescents échangent des confidences dans un restaurant, se prennent les mains le long d'une terrasse dominant la mer, s'embrassent tendrement sur une plage déserte, au fond d'une baie solitaire...

— Tiens, prends ça, dit Pierre.

Et cette fois, plus que la première, il y a dans son baiser une délicate tendresse. Non plus la fougue légère de tout à l'heure. Seulement un pur respect, une passion contenue.

Au lieu de rassurer Marielle, ce baiser la tourmenta davantage. Émue plus qu'elle ne pouvait le dire, irrésistiblement attirée par l'amour et pourtant repoussée par l'incertitude, elle se leva subitement, courut vers la frange moutonnante des flots. Elle n'avança pas loin, soudain ramenée à la réalité par le froid glacial de l'eau, par la morsure du sel sur ses mollets.

Lorsqu'elle revint sur la plage, Marielle éprouvait une colère qu'elle ne s'expliquait pas à elle-même. Une colère contre le destin, contre la vie, contre son état d'adolescente, contre l'incompréhension qu'elle prévoyait chez ses parents, chez les parents de Pierre. Elle ne voulait pas souffrir. Souffrir tout en aimant ainsi aurait été bête. Pierre était bien l'homme dont elle avait rêvé. Beau, tranquille, fort, prévoyant, ambitieux. Et il faudrait que dans deux mois on efface tout? Qu'il aille son chemin, et qu'elle reparte, elle, vers sa cité et ses gens? Pour oublier?

Dans l'exaspération qui la possédait, tout en marchant à grands pas vers Pierre, Marielle eut soudain un geste d'enfant, une réaction puérile et irréfléchie. Elle donna un violent coup de pied dans le sable. Pour rien, un désir confus de se venger, de s'en prendre à... Elle identifiait mal l'ennemi. Il lui semblait suffisant de frapper ainsi, aveuglément. À la maison, elle aurait peut-être fracassé une potiche, lancé un cendrier par la fenêtre.

Mais elle le regretta aussitôt. En frappant dans le sable, son pied nu heurta un objet dur, et ce fut avec un grand cri de douleur qu'elle s'écroula par terre, tenant ses orteils à deux mains.

— Oh! Pierre, Pierre. Je me suis fait mal.

Elle pleurait. Pierre, agenouillé dans le sable, examina les orteils, les fit jouer, cherchant à détecter une fracture possible.

— Rien de cassé, dit-il, tu t'en tires bien.

Il fouilla le sable de ses deux mains.

— J'ai dû frapper un galet enfoui, dit Marielle.

— C'est du sable pur; il ne doit pas y avoir de galets. Plutôt du bois de grève.

Il trouva l'objet, se mit en devoir de le déterrer. D'abord, apparut l'angle de ce qui semblait être un coffret. Le bois en était vétuste, mais des coins de bronze et de larges lames le bardaient pour en assurer la solidité.

— Qu'est-ce que c'est? demanda Marielle, si intriguée qu'elle en oublia sa douleur.

— Je ne sais pas.

— On dirait un coffre de pirate, comme dans les histoires...

Silencieux, Pierre s'acharna. Une exaltation vivait en lui. Ce qu'il découvrit ressemblait fort à ce qu'avait suggéré Marielle. Malgré ses petites dimensions, il s'agissait vraiment d'un coffre semblable à ceux que les récits des pirates ont rendus célèbres. Et il paraissait très ancien. Le vermoulu du bois excluait toute possibilité d'imitation. Quant au métal, grossièrement façonné, aucun artisan d'aujourd'hui ne le travaillerait de la sorte.

— Tu crois que nous avons trouvé un trésor? s'exclama Marielle, ravie de l'aventure.

— Je me le demande, marmonna Pierre d'un air soucieux.

Il acheva de dégager le coffret. Il était relativement petit, à peine plus gros que deux boîtes de cigares, et muni d'une serrure résistante; Pierre dut la disloquer à l'aide d'un gros galet plat qu'il alla quérir près du rocher.

Ouvert, le coffret révéla en effet un trésor d'une ampleur que ni Marielle ni Pierre n'eussent osé imaginer. Il contenait, à pleine capacité, des pièces d'or parfaitement conservées. À l'examen on ne pouvait en douter.

— Regarde l'effigie du roi d'Angleterre, dit Pierre. Il y a une fortune là-dedans.

Au seul poids de l'or, on avait probablement de quoi assurer une longue vie d'homme.

— D'où vient cet or? demanda Marielle. Comment a-t-il pu échouer ici?

— Une chose m'intrigue, répondit Pierre, comme se parlant à lui-même. Le sable recouvrait à peine le coffret. Si on l'avait enfoui sous terre ou caché au fond d'une grotte, je comprendrais. Mais ici, à fleur de sable, pour ainsi dire... Depuis combien de temps repose-t-il là? Deux semaines? Moins que cela, je parie. Quand la mer se fâche, la vague monte jusqu'au plain et au-delà. Elle soulève le sable alors. Il n'y a donc pas... cent ans qu'on a déposé là ce trésor.

Les deux jeunes gens observèrent un moment le silence.

— Que vas-tu faire? s'enquit Marielle. Emporte le coffre à Baie-Comeau. Avertis les autorités.

Pierre secoua la tête.

— Laisse-moi réfléchir... D'abord, trouver une cachette, afin que nul autre ne repère le trésor. Ensuite, nous retournerons à Baie-Comeau. Garde le secret. Demain ou après-demain, j'aurai eu le temps de penser à l'affaire, et je saurai ce qu'il convient de décider.

Il l'amena avec lui.

— Allons vers la falaise. Cherchons un endroit que personne n'aura l'idée d'explorer.

LE DOCUMENT RÉVÉLATEUR

Courant très bas sur l'eau, de coque longue et effilée, le petit navire pouvait facilement passer pour un yacht de plaisance assez frêle. Il fallait descendre dans la soute au moteur et apercevoir là une unité de grande puissance pour deviner que, sous ses apparences innocentes, le batelet possédait d'immenses ressources.

On découvrait alors une ancienne corvette de la Dernière Guerre, considérablement modifiée dans sa superstructure, peinte en blanc, enjolivée de cuivres bien astiqués. Dans les ports d'Europe et d'Asie où il touchait, on le prenait pour une simple barque de croisière à l'usage de riches vacanciers, caprice de quelque millionnaire prodigue de son capital.

L'illusion, obtenue à grand prix, résultait d'une volonté précise. Barazi, propriétaire et maître à bord, avait soudoyé un architecte de grand talent, qui avait transformé le redoutable petit navire en un yacht apparemment inoffensif. Au cours de cette opération qui s'effectuait à Split, chantier naval de Yougoslavie, Barazi avait confié son visage à un chirurgien de Paris pour qu'il en modifiât complètement les traits.

Un Fairmile britannique, naguère d'aspect farouche, devint ainsi un joli yacht d'allure débonnaire. Et Barazi, trop connu de toutes les polices du monde, put se permettre de les braver impunément au grand jour.

Sous deux faux noms. La corvette camouflée en yacht se présentait comme le *Miramar*. Et Diego Borges, l'auteur de mille délits, bassesses et brigandages, se pavanait sous le masque de l'honorabilité qu'on attribuait naïvement au dénommé Vincente Barazi.

La supercherie datait de trois ans. On y avait procédé peu de temps après le vol de la banque de Calcutta, l'un des plus retentissants de l'histoire du monde. Barazi et sa bande avaient soustrait onze millions de dollars en billets américains, en francs français, en livres anglaises et australiennes, en valeurs, en bijoux et en or gardés dans des coffres de sûreté.

Le coup, on le savait, portait la marque de Diego Borges. Mais où trouver le forban? On aurait pu jurer qu'il reparaîtrait sur la Côte d'Azur ou à Rimini, à Biarritz ou dans les bars chics de Londres ou de Paris. On le guettait là. Il aurait fallu fouiller les cliniques de la banlieue de Paris. Et une enquête sérieuse, si elle avait été permise par le gouvernement de Belgrade, aurait révélé la transformation en cours du Fairmile. On omit de suivre de telles pistes, et personne n'eût soupçonné qu'à Calcutta même, lorsque le *Miramar* vint y accoster, ce Vincente Barazi, au visage presque noble, n'était autre que Diego Borges.

L'aventurier avait dit: «Si je réussis ce coup, je peux rester ma vie durant à ne rien faire.» Mais les partages avec les hommes de la bande à licencier avaient été difficiles. L'achat et l'aménagement de la corvette, plus dispendieux que Borges n'avait cru. Le chirurgien de Paris, espèce de vautour, de l'aveu même de Barazi, avait exigé contre son silence un énorme magot. Et la vie à bord du navire, les frais de déplacement, d'entretien, d'équipage coûtaient des sommes folles.

Lorsque le *Miramar* s'engagea dans le golfe Saint-Laurent, ce dix juillet 1965, Barazi pouvait penser qu'il ne chassait pas un trésor par simple esprit sportif ou par générosité envers les musées. L'or qu'il escomptait découvrir, il en avait grand besoin. Et parce qu'il ne voulait pas exposer le nom et la personnalité de Barazi, ce qu'il allait faire maintenant lui apparaissait comme un heureux compromis.

Il s'agissait d'or. N'est-ce pas encore la valeur la plus facilement monnayable? Advenant un coup dur, il pouvait plaider bonne foi, affirmer que le secret devait protéger son expédition, et verser la part du lion aux autorités. Il aurait toujours, en cas d'échec, l'expédient d'accomplir un cambriolage ailleurs, avec le moins possible de risques. Pour le moment, il y avait une chance à courir: et elle ne prendrait tournure illégale que si lui, Barazi, s'approprait le trésor découvert, au lieu de le remettre aux autorités.

— Tu me garantis que c'est de l'or?

Celui qui a parlé, homme très mince, plus jeune que Barazi, s'adresse à ce dernier, confortablement assis dans un fauteuil du luxueux salon de son yacht. Silencieusement, un domestique polynésien, habile bouteiller, réchauffe deux verres sur une flamme d'alcool. Dans un instant, Barazi et son acolyte, le Marocain Ahmed, y dégusteront un brandy portugais de haut goût: complément du repas plantureux qu'ils viennent de consommer ensemble. Barazi ne se cache pas qu'il a opté pour le crime à cause de ses désirs de «grande vie». À bord du yacht, il a établi, pour satisfaire ses désirs, un régime de luxe et de bonne chère, de vins rares et de fines liqueurs, dans un décor d'opulence. Pour les cabines et les pièces de séjour, somptueusement ornées, Barazi lui-même a choisi les meubles dans les magasins les plus huppés de Londres et de Paris.

Il s'offre ainsi non seulement un intérieur approprié à ses goûts, mais encore, en voyageant à volonté sur toutes les mers du monde, les panoramas les plus beaux ou les plus sauvages. Il estime avoir atteint le but rêvé durant une enfance et une jeunesse misérablement supportées dans les bas-fonds de Barcelone, dont on sait qu'ils comptent parmi les plus pauvres et les plus crasseux de l'Europe.

Massif et grand, musclé comme un athlète, il donne désormais l'impression, avec son nouveau visage, d'un de ces rois de l'industrie qui, seuls artisans de leur destin, ont joué des coudes sans la moindre considération pour leurs semblables et, parvenus à leurs fins, se rient des obstacles.

En contraste frappant, Ahmed, assis devant lui, homme svelte, mais d'une sveltesse qui frise la maigreur, a des yeux vifs et noirs, une bouche mince, aux lèvres cruelles, avec quelque chose d'impitoyable dans sa façon de sourire, peut-être un mépris de l'humain perçant le vernis civilisé qu'il affecte.

Il répéta sa question, de sa voix nette et sèche, presque sans timbre et toutefois un peu métallique.

— Tu jures que c'est de l'or?

— Celui qui m'a vendu les documents en avait la certitude, comme moi aujourd'hui.

Un hasard. — Barazi appelait ces hasards sa providence, à lui —. Un pur hasard, le jeu d'une chance presque invraisemblable. Barazi avait voulu faire escale à Tobago. Il aimait le bleu serein de la mer des Caraïbes, les collines trop vertes de l'île, ses allures de femme paresseusement étendue au soleil éternel.

Alors qu'il marchait dans la rue, en direction de la poste, un quelconque pouilleux, déchet de l'humanité, l'avait abordé. Dans le baragouin de six ou sept langues que parlait l'individu, Barazi avait compris qu'il s'agissait d'or, de cassette, de temps anciens. Il y a des vendeurs de cartes démontrant l'existence et l'emplacement de trésors fabuleux dans tous les ports qui ceignent l'Amérique. Des cartes faites à la main, patiemment, avec des matériaux modernes, trompent les innocents; les exploiteurs finauds poussent les naïfs vers d'illusoires destinations. À la fin, c'est devenu un sport. Barazi le savait.

Cette fois, pourtant, il eut l'impression de ne pas avoir affaire à un trompeur d'imbéciles. Sale, couvert de plaies, l'œil droit crevé, l'autre chassieux, l'importun avait l'air d'un rebut sorti de la vase du fond et remonté à la surface par on ne sait quel remous humain. Surtout, il y avait le document...

L'intuition de Barazi avait immédiatement fonctionné. Que de faquins, dans la rue ou les bars, il avait prestement éconduits! Pour écouter le pouilleux, il s'arrêta. Plus tard, il attribua sa décision à un pressentiment. Sur le coup, elle fut catégorique. Oubliant la poste, il entraîna la loque humaine jusqu'au *Miramar*.

Après une tasse de café corsé de rhum, puis une soupe bien grasse, l'homme reprit du poil de la bête. Il s'exprima un peu moins mal. Barazi insista.

— Je veux voir le document.

Il en savait assez long pour distinguer le vrai du faux, le fabriqué du naturel. Ça ne le mettait pas à l'abri de toute fraude. Même avant qu'Haïti ne soit subjuguée par ses esclaves, avant l'installation des Anglais aux Bahamas, au temps des cayes[1] hospitaliers et secrets, les emplacements

---

1. Caye ou caïe (en anglais *key*): banc de sable dont le sommet est plat, assez étendu, peu éloigné du niveau de la mer.

de trésors de pirates constituaient une denrée qui se vendait bien. Par voie de conséquence, il s'en troquait fort peu de vrais et beaucoup de faux. Un document de jadis, trouvé aujourd'hui, passe facilement pour authentique. On ne songe qu'à l'âge. D'autres facteurs entrent en jeu. Par exemple, les détails concernant les mœurs de l'époque, les pirates qui y vécurent et leurs opérations de pillage. Par recoupement, on peut arriver à séparer le bon grain de l'ivraie.

Barazi, qu'avaient toujours fasciné les pirates des Caraïbes, aurait joui de vivre en même temps qu'eux. Il estimait posséder justement les qualités d'audace et jusqu'à la cruauté qui avaient caractérisé Morgan et Lafitte. Surtout ces deux-là. Écumeurs de mers. Hommes sans peur dont la réputation se fondait principalement sur leur téméraire courage.

Or, le document qu'à la fin le pouilleux sortit de sa chemise, parchemin trempé de sueur puante, graisseux, dégoûtant, n'était autre qu'une lettre de Jean Lafitte. La signature en témoignait. Barazi avait appris à la connaître dans ses lectures au sujet de cet homme dont il vénérait l'intelligence et l'astuce. Une déchirure dans le haut du parchemin ne permettait pas de lire le nom de la personne à qui le corsaire l'avait destiné. Mais le texte révélait dès le début que c'était une femme. Lafitte y démontrait un style inhabituel chez un rude marin. Il se laissait aller.

... Par la grâce de Neptune, qui m'est bienveillant et propice comme tu le sais, il est venu dans les parages de mes navires un Anglais qui montrait plus de confiance que de prudence. Il a salué de ses fanions mes trompeuses couleurs et n'a vu ma flamme monter que bien trop tard. J'ai entendu ses gens crier d'effroi lorsque nous avons débouché nos canons.

De Saint-A... t'aura dit que nous avons armé un brick, un deux-mâts, une goélette bretonne et deux felouques depuis avril. C'est plus qu'il n'en faut pour arraisonner un Anglais. Je t'apprends donc avec joie notre facile victoire. Le commandant et une passagère furent épargnés. Lui, parce que je le vendrai au gouvernement de Nassau contre espèces sonnantes; elle, honorable vieille dame qui ressemble beaucoup à ta mère. Tu vois que je pense à toi même au moment des redditions de comptes entre vainqueur et vaincu. Si bien que nous voilà maintenant riches d'un trois-mâts à peine sorti des chantiers de Plymouth. Coque saine, provisionné pour deux ans, deux fois autant de toile vierge dans l'avant du rouf qu'il en a sur les mâts. Cela nous permettra de renouveler celle des felouques, rapiécée jusqu'à l'impossible.

Le plus intéressant pour toi, ma cupide, et pour moi qui ne suis pas en reste avec toi sur ce point, c'est que ce trois-mâts de Sa Royale Majesté britannique portait en quelque sorte un messager de bon augure. Il y avait dans sa chambre forte quatre jolis coffres de bois dur bardés de bronze, contenant chacun cinq mille exquises couronnes d'or, frappées à l'effigie de Sa Royale Majesté. Les dieux des écumeurs nous gâtent. Tu peux commencer à rêver vraiment à cette maison sur les hauts, dans le bouquet de grands chênes, d'où l'on voit l'estuaire. Je te la promets digne de toi. Elle aura, devant, non pas six colonnes, mais dix, et cent esclaves noirs t'en assureront la totale jouissance. Je te fais reine. Jamais sujet n'en désignera de plus belle.

Je relâcherai à Baltimore demain, d'où cette lettre te sera portée par courrier à cheval. Tu l'auras donc bientôt et me sauras sain et sauf. J'ai des amis dans ce port, comme tu sais, où l'on me cligne de l'œil en complice, à cause de mes préférences pour les riches et lourds trois-mâts anglais. Comme je passe au large des corvettes américaines, et que mes placements sont nombreux et profitables dans les États-Unis d'Amérique, on me ravitaille le plus sérieusement du monde, et le gouverneur me salue chapeau bas. On n'a pas plus d'égards pour les pirates en Arabie. Puisque je suis pirate, ne nous en cachons point.

Je ne risquerai pas de confier les coffres d'or à des courriers. Le chemin est long par terre jusqu'à mes banquiers de la Nouvelle-Orléans. Je me contente de les transporter sur l'une des deux felouques. Son capitaine a l'ordre précis, au cas où les choses tourneraient mal pour notre petite flotte, de filer par le travers et de s'esquiver avec le magot. C'est le plus important butin de ma vie. Je n'aurais que cet or et je pourrais vivre en homme riche et choyé, auprès de toi, dans la maison blanche aux dix colonnes, jusqu'à ma mort. On ne traite pas avec négligence de telles choses. J'ai fait gréer la felouque en corvette. Une voile dehors, on ne la soupçonne pas. Mais quand elle met toute voile, on ne la reconnaît pas, et elle va ses quinze nœuds, même dans un vent raisonnable. Par vent bas et sec, elle fait dix-huit nœuds. On dirait une mouette. J'ai déconcerté plus d'un naïf Anglais de la sorte. Se croyant menacé seulement à bâbord, il se trouvait attaqué aussi à tribord avant d'avoir pu faire charger ses canons. Contre les gueules vides et des hommes en panique, les deux petites bouches de six livres de la felouque font merveille. La merveille qu'elle fera, cette fois, ce sera d'aller mettre l'or en sûreté pour nous. S'il le faut, je retrouverai les coffrets à la nage. Aubert de G., en qui j'ai toute confiance, occupe la felouque; il y assure, pistolet au poing, la loyauté du capitaine.

Pour l'heure, ayant ouï dire que de bons chargements de fourrure seront expédiés du Canada jusqu'aux grands marchands de Londres et de Liverpool, je crois sage de m'aller poster dans les entrées du Saint-Laurent pour faire un peu dévier le chemin de ces précieuses pelleteries. Je les vendrai meilleur prix aux bourgmestres de La Haye qu'elles n'en obtiendront à Londres. C'est honorer ces beaux fruits de la nature que d'en empêcher le commerce à prix forfaitaire. On m'informe que trois bricks s'engageront dans le golfe. À toi que j'ennuie avec tous mes projets, et que je sais fidèle jusqu'à la mort, je dirai que mes grands navires, je les posterai dans la baie des Chaleurs, où des gens de bon entendement me ravitailleront, comme ils savent le faire depuis dix ans. À l'autre rive, aux orées de la forêt, dans une série de baies secrètes que je suis presque le seul à connaître, je posterai mes felouques. Quand les bricks descendront en longeant la rive bâbord ou tribord, il leur faudra de toute nécessité, à cause des courants qui se croisent, doubler Gaspé (et nous serons derrière le rocher Percé) ou contourner Anticosti (et les lunettes à longue portée des felouquiers les apercevront). Par la vitesse, deux felouques jouent au croquet des dames avec des bricks armés, fussent-ils trois et d'équipage résolu. Une pie abat un aigle, le sais-tu? Un chien terrasse un élan.

Si d'aventure ces gens doublent Gaspé, nous leur sautons dessus avec nos propres forces. C'est considérable. Avec l'or, ma toute belle, aimée dans mes rêves et mes pensées, et avec ces pelleteries, je m'atterris et te fais reine pour toujours. Sans compter que ces gens de Saint-Domingue et des îles hollandaises me promettront bon prix pour mes navires. Ils les croient munis de canons jusqu'ici inconnus. Ils méconnaissent notre courage, notre audace, notre ruse, et nos felouques gréées en corvettes. Les Hollandais sont de braves commerçants de barriques, pleines ou vides. On leur vendrait la toison d'or qu'ils l'achèteraient. Ils m'offrent trois cent mille florins pour mes navires.

Adieu, donc, ma toute belle, et souhaite-moi bon vent, bonne mer dans cette dernière entreprise. Avant l'année achevée, nous regarderons bâtir la maison aux dix colonnes, abri de notre heureux amour.

La signature, comme l'écriture, était indiscutablement celle de Jean Lafitte.

Barazi se montra prodigue envers le pouilleux, qui, en gérant bien la somme reçue, n'aurait plus à mendier de sa vie. Cela entamait sérieusement les réserves du corsaire. Mais qu'importe! Son pressentiment le convainquit d'avoir bâclé une affaire... d'or. Il démarra le soir même, le front soucieux, mais le cœur léger. N'avait-il pas mis la main, par une chance proche du miracle, sur un document qui méritait confiance?

Car sa mémoire était formelle. Il avait déjà lu, et même relu, dans les archives louisianaises, à la Nouvelle-Orléans, un autre texte faisant pendant à celui-là, où Lafitte rapportait le malencontreux naufrage de ses deux felouques dans une baie canadienne, et sa fuite honteuse jusqu'aux parages des Bermudes, lorsque les trois bricks venant de Montréal avaient paru, au large de Gaspé, accompagnés de trois robustes quatre-mâts de la flotte de guerre de Sa Majesté le roi des Anglais. Toutes bouches dehors, lançant des boulets avant d'avoir demandé les couleurs, mettant la toile jusqu'au haut et profitant du vent, les vaisseaux avaient foncé sur la flottille de Lafitte. Il ne s'était échappé qu'à cause de sa toile, à lui, toujours peu orthodoxe et souvent trop grande, prenant plus de vent que la coque n'en pouvait supporter et comptant sur sa propre habileté au timon et à celle de ses capitaines pour filer à la vitesse du vent, sans chavirer cul pardessus rouf.

Sauvé de justesse, Lafitte, même courageux, en avait eu le cœur serré. Il le disait franchement dans son rapport. C'est pourquoi, ayant relâché près de Boston, il avait envoyé un courrier au Canada, un rusé qui savait passer les frontières et se perdre dans les campagnes sans être vu; et quand ce courrier revint, annonçant le naufrage des deux felouques dans un grain subit, comme il en surgit dans le golfe Saint-Laurent, le pirate se résigna au destin et regagna les Caraïbes.

Cet épisode de la vie de Jean Lafitte, Barazi le connaissait sur le bout de ses doigts, pour avoir lu, outre les pièces conservées aux archives, les journaux mêmes de ce temps, qui en parlaient parfois en termes couverts et, lorsqu'il s'agissait de *La Sentinelle*, de la Nouvelle-Orléans, en termes fort précis.

Le document du pouilleux recoupait l'épisode; ça lui donnait un prix soudain inespéré. En soi, le naufrage des felouques était une aventure, ou plutôt une mésaventure dans l'entreprise de Lafitte. Mais comment expliquer le marasme qu'il avait connu par la suite? Car il faillit mourir dans une maison de repos de la Nouvelle-Orléans. Une dépression avait interrompu sa carrière durant deux ans. Maintenant, Barazi savait pourquoi. Mieux que personne. La lettre de Lafitte à son amante créole — il s'agissait indubitablement d'une Créole: seul ce genre de beauté pouvait attirer un homme comme le pirate — éclaircissait bien des choses.

Quatre cassettes de bois bardées de bronze, contenant cinq mille couronnes d'or. Vingt mille couronnes d'or. Même aujourd'hui, au seul poids de l'or vendu légalement, quelle fortune! Mais l'or s'échange mieux à Macao, à Tanger, à Dakar, à Hong Kong. Pour une telle quantité, de pur aloi, on ne lésinerait pas. Et si les felouques renfermaient un autre butin...

Voilà qui aiguillonnait Barazi.

Restait à organiser l'expédition.

Il fallait des plongeurs, du matériel, des appareils... et de la discrétion.

— Oui, répondit-il, ce soir-là, après un long silence, je suis sûr que c'est de l'or. Plus d'or que tu ne peux en imaginer.

Le faux yacht filait au ras de l'eau, toute la puissance du moteur ronronnant sous les pieds des deux compères. Dans le luxueux salon, Barazi se sentit renaître.

— Vois-tu, dit-il au Marocain, un actif a besoin de poursuivre des ambitions. Je ne me crois pas fait pour une existence sédentaire. Ça me plaît qu'il m'en coûte pour vivre. Même en possession des couronnes d'or, je m'obligerais encore à travailler, à travailler un peu. Pour survivre en moi-même, tu comprends?

Le brandy était à point.

Le vaisseau abattait la distance qui le séparait des baies secrètes du golfe.

Dans leurs quartiers, les plongeurs jamaïcains vérifièrent une dernière fois leur gréement.

L'or de Jean Lafitte ne moisirait pas au fond de l'eau. Il allait bientôt retrouver l'air libre.

VERS L'AVENTURE

Pierre ne parla pas beaucoup durant le retour à Baie-Comeau. Après avoir trouvé une cachette sûre, dans un endroit qu'on aurait bien du mal à repérer sans aide, au pied des falaises, il a mis le cap sur la petite ville. Il tient la barre d'une main ferme, et il paraît réfléchir profondément.

Marielle l'observe avec attention.

Elle se sent désarçonnée. Trop de choses arrivent à la fois, trop de choses auxquelles rien dans son éducation ne l'a préparée. Fille choyée, elle n'a jamais connu l'aventure de près. Et si elle a rêvé d'amour, jamais encore elle n'en a éprouvé les premières flammes.

Or, presque brutalement, voilà qu'à l'amour soudain reconnu succède l'aventure, et une aventure déroutante. Assise sur le rouf, les jambes ballantes: «C'est comme dans les livres, se dit-elle à mi-voix. Comme dans les romans.»

Rien ne manque, en effet. Le vaste pays sauvage, la mer souveraine, les falaises abruptes, le trésor dissimulé dans le sable.

Au bout d'une heure, elle perd patience. Elle veut savoir ce que pense Pierre. Elle se glisse jusqu'à lui, sous la vergue serrée de près, et prend place à ses côtés sur la banquette.

— Pierre, excuse-moi, mais il faut que je sache. Je ne comprends pas, je suis bouleversée...

Il la regarda, vit son désarroi et sourit tout à coup.

D'une main il la dépeigna, caressant les cheveux d'un blond fauve.

— Ma jolie, j'oubliais que tu es une petite bourgeoise du grand bazar de Montréal...

— Ne te moque pas, je t'en prie. Tu n'as pas idée de ce qui me trotte dans l'esprit.

Il se pencha par-dessus la barre et vint lui embrasser le bout du nez, qu'elle avait rond, retroussé et mignon.

— L'amour, Marielle?

— Oui... Mais pas seulement ça.

— L'amour d'abord?

— Bien entendu.

— Je t'aime.

Il plongea son regard dans les yeux de l'adolescente; elle put y lire tant de ferveur qu'une grande joie l'envahit. L'impression du vide qu'elle avait pu connaître, la crainte d'une certaine solitude dans ce qui s'ébauchait, tout son affolement disparut. Pierre était là. Elle n'avait pas rêvé. Ça n'a pas été un seul instant fugitif et trompeur.

— Et le trésor, Pierre?

Il redevint grave.

— Pour le moment, gardons le secret.

— Voilà ce que je ne comprends pas. C'est une immense fortune...

— Oui, mais elle ne nous appartient pas. J'ai tiré toutes sortes de déductions. C'est la raison pour laquelle je ne veux rien dévoiler immédiatement.

— Tu ne peux pas m'expliquer ton silence?

— Je dois le faire, parce que j'ai besoin de toi. Et non pas de toi seulement, mais de Gilles et de Liliane.

— De Gilles et de Liliane?

— Oui. Écoute-moi bien. Nous avons trouvé un coffret dans le sable, à peine recouvert. Il est raisonnable d'y voir du butin de pirates. Les vieilles légendes de chez nous racontent qu'au début du siècle dernier, le corsaire Jean Lafitte venait embusquer des navires dans le golfe. Disons que c'est un butin qu'a perdu le célèbre Lafitte. Pas un homme des mers n'aurait jamais enterré un trésor dans le sable. Une grève change, la marée déplace le sable. On ne peut jamais savoir quel sera le résultat de ces changements.

— Pourtant, le coffre était bien là.

— On doit donc imaginer que la mer l'a rejeté sur la grève, disons: au cours d'une très forte tempête. Par la suite, le mouvement des marées a ramené du sable pardessus la cassette. Mais juste assez pour que tu te casses presque les orteils dans ton geste rageur.

— Bon, je comprends.

— Ma déduction comporte deux possibilités. D'abord, qu'il y a probablement un autre butin rejeté par la mer et qui se trouve enfoui sous un peu de sable...

— C'est plausible.

— Ou alors, que cet autre butin traîne au fond de l'eau, soit à l'endroit même du naufrage, ou entre cet endroit et la grève, selon le déplacement produit par le mouvement de la mer.

— L'endroit du naufrage?

— Oui.

— Ce doit être profond.

— Si tu connaissais la mer, Marielle, tu ne dirais pas cela.

— Ce ne serait pas profond?

— Réfléchis un peu. Une épave qui repose dans cent pieds de fond ne bouge pas. La mer s'agite à la surface seulement. Jusqu'à vingt, trente pieds; rarement plus. Pour que la mer ondule à cent pieds, il faut un ouragan épouvantable. Mettons cent cinquante pieds... C'est peu.

— À tes yeux, je suppose.

Marielle s'effraie des profondeurs mentionnées. Elle ignore même que le golfe est un gouffre avec des fonds de mille pieds.

— Pour qu'un coffret assez lourd ait avancé jusque sur le sable, Marielle, il doit y avoir une épave en eau peu profonde. L'élan des flots aura soulevé le coffret et l'aura repoussé à la grève.

— Je commence à comprendre... Mais que viendront faire Gilles et Liliane?

— Gilles et moi, allons plonger et explorer les fonds dans cette baie. Il y a des brisants à l'entrée. Je crois que nous allons y découvrir notre épave. À cause des brisants, il y aura un tourbillon. La plongée peut être difficile. Liliane et toi, vous serez nos deux aides, dans le voilier.

Plonger au *skuba* était un sport journalier pour Pierre. Et pour Gilles, son frère, tout autant. Liliane pouvait rivaliser avec eux. Quant à Marielle, elle en a tenté l'expérience, au lac Beaugé, l'année précédente, et possède même le gréement voulu qu'elle a apporté à Baie-Comeau. Mais le lac a un fond herbeux, et ses eaux sont parfois boueuses: elle n'a donc pu apprécier ce sport à sa valeur. Ici, près du golfe, elle n'a encore plongé qu'une fois et trouvé l'eau si froide qu'elle a craint de s'y noyer.

— Une habitude à acquérir, avait dit Pierre. Il suffit de plonger tous les jours, cinq minutes à la fois. Au bout d'une semaine, tu pourras rester une heure sous l'eau.

Mais elle n'a pas encore commencé le noviciat des eaux glacées... Et elle a redouté un moment qu'on ne le lui impose dans cette chasse au trésor.

— Pourvu que je n'aie pas à plonger moi-même, dit-elle, je veux bien t'aider avec Liliane.

Elle ne voit pas très clair dans les intentions du jeune homme.

— Nous avons trouvé le coffret, dit-elle. Ça ne te satisfait pas? D'autres, je ne sais pas, moi, les gens du gouvernement, par exemple, s'occuperont du reste. Il y a bien assez d'or dans notre seule cassette...

— Oui, voilà. C'est un grand trésor. Mais la loi est expresse. Le gouvernement en prendra la plus grande partie et ne nous concédera qu'un pourcentage, peu considérable. À plus forte raison si nous lui laissons le soin de découvrir le reste. Pour retirer le plus de profit possible, nous devons repêcher l'épave et tout le butin de Lafitte. Alors, notre part, à nous, sera intéressante. J'estime que cette épave gît en eau peu profonde. Nous sommes équipés pour plonger; nous avons des lampes sous-marines. C'est facile pour mon frère Gilles et moi d'explorer. Et comme nous n'avons rien de mieux à faire, ce sera un amusement aussi. En nous taisant, nous pourrons opérer sans être dérangés. Après, nous déclarerons le trésor, si nous ne trouvons rien d'autre. Mais l'épave que j'espère atteindre augmentera notre part. Et nous diviserons en quatre. Ça te va?

Elle n'a plus à réfléchir. Tout est clair. Avec une certaine joie fébrile, elle attend les lendemains. Car ils auront ceci de fascinant qu'ils garderont Pierre à ses côtés du matin au soir.

La perspective lui agrée d'autant plus que Gilles, le frère de Pierre et joyeux copain, a en Liliane une amie de qualité. Il y a donc du beau et du bon temps à vivre en leur compagnie.

L'âme gonflée par de grands et magnifiques secrets, Marielle se coucha très tôt, après une soirée de douce flânerie et d'échanges pleins de verve avec Pierre, Gilles et Liliane. Pierre a été péremptoire. Il faut trois heures de trajet dans le voilier pour retourner à l'anse de la cachette. Des recherches profitables devraient commencer, sur les lieux, au plus tard à huit heures. En conséquence, on démarrera à cinq heures du matin.

À l'aube du lendemain, le groupe ambitieux qui se tassa dans la cabine du voilier n'a aucun moyen de soupçonner les projets de Barazi et de ses hommes. Comment aurait-on pu concevoir que des bandits prêts à tout voguaient à l'heure même dans leur insolent petit navire vers la côte nord du Saint-Laurent, attirés par le même trésor?

Par une sorte de prescience toutefois, Pierre, en embarquant le gréement de plongée, eut l'idée de prendre une carabine de chasse à haute vélocité et cent balles. Que pouvait-il craindre?

— Tu es fou, lui dit Gilles. Quel besoin d'une carabine? Nous avons nos fusils sous-marins.

— L'endroit est désert, réplique Pierre. J'ai cru voir des pistes d'ours. Il y a une descente dans la falaise, qui vient de la forêt.

— Et puis? Te voilà qui as peur des ours?

— Non, mais il faut nous disperser pour fouiller le sable de la grève. Mieux vaut prévoir.

Il n'aurait pu expliquer son geste davantage. Une sourde alarme retentissait en lui, un avertissement que l'arme lui servirait. Et il ne lui coûtait rien de l'inclure avec les bonbonnes d'oxygène, les masques, les pelles, les autres appareils qu'ils entassèrent dans le voilier.

Le vent bas, sérieux, constant les amena au but en deux heures et demie. Pierre avait navigué pleine toile, profitant de toute la brise, se tenant même parfois dangereusement près des rives pour mieux la prendre en poupe. Son habileté à la manœuvre, périlleuse pour d'autres, écartait tout danger.

À huit heures, ils procédèrent au travail. Gilles divisa la grève en huit secteurs, qu'il marqua tant bien que mal en traînant une hart de bois dans le sable pour y tracer des lignes. À la fin, toute la plage ressembla à un jeu de tic-tac-tau. De cette façon, les recherches se poursuivirent méthodiquement. Chacun prit charge d'un secteur et, avec une pelle, sonda le sable le plus creux possible, déterrant tout objet dur. À midi, on avait exploré la moitié des huit secteurs; à dix-huit heures, l'autre moitié.

Dans la petite ville de Baie-Comeau, nul n'a mis d'entrave à l'excursion, que l'équipe a présentée comme une sorte de voyage d'exploration sportive des baies et anses et qui durera trois ou quatre jours. On a embarqué les provisions nécessaires, et le projet n'a paru étonner personne.

— Il y a deux cabines pour dormir dans mon voilier, avait expliqué Pierre à la tante de Marielle. Les filles en prendront une, nous prendrons l'autre. Nous allons nous ancrer pour la nuit.

Cela suffit à calmer la seule inquiétude du père de Pierre.

— J'aime mieux ne pas savoir que vous voyagez la nuit. Un gars peut s'endormir à la barre, et le voilier aller se briser sur des battures.

Provisionnée, fournie de son gréement, l'expédition débuta donc sans obstacle.

Qui aurait pu imaginer que des copains allaient de pied sûr récupérer un trésor? Pierre riait en lui-même à la pensée de la surprise quand ils reviendraient cousus d'or, après leur prétendue croisière de plaisir.

Le départ matinal s'imposait, vu la nécessité d'emporter des pelles et des chaînes; ces objets, blasphémant l'équipement de plongée qui, lui, se justifiait, n'eussent pas manqué de provoquer des curiosités intempestives.

Munis de tout le nécessaire, les quatre jeunes gens, dès l'aube, avaient pris la mer.

À la fin du premier jour, après l'exploration systématique de la grève, ils en vinrent à la conclusion que le coffre trouvé constituait le seul trésor ensablé. Mais en examinant à nouveau l'endroit où l'on avait repéré le coup de pied bougon de Marielle, la déduction se confirmait qu'il avait dû sortir d'une épave sise non loin de la rive, et à peu près à la base des brisants qui barraient une partie de l'entrée de la baie.

— Placez-vous ici, avec moi, dit Gilles. Imaginez un navire au petit large. Pourquoi il était là, Dieu le sait. On l'avait peut-être mis à l'ancre. La tempête s'élève tout à coup; le navire chasse trop vite; le vent l'emporte sur les marins et leur manœuvre; le bateau s'écrase sur les brisants, et il coule à pic. Dans ce temps-là, les navires étaient en bois, et beaucoup plus petits que ceux d'aujourd'hui.

— Je ne comprends tout de même pas, ajoute Pierre, ce qu'un pirate venait faire ici.

— D'abord, qui vous dit que c'est un pirate? objecte Liliane.

Grande fille à l'allure sportive, bâtie comme un garçon, mais portant des cheveux longs et noirs, Liliane a un rire large qui démontre par sa joie jamais contenue beaucoup d'assurance et de liberté.

— Vous avez trouvé un coffre, continue-t-elle. Il ressemble à ceux des pirates dont parlent les livres. Mais ces coffres étaient communs, autrefois. Ils ne servaient pas seulement aux pirates. Ne vous laissez pas entraîner par votre imagination romanesque. Votre or pouvait tout aussi bien se trouver à bord d'une goélette ordinaire que d'un navire de corsaire ou de pirate.

— Liliane a raison, renchérit Marielle. Pourquoi s'agirait-il d'un bateau clandestin?

— Bon, fait Pierre, disons. Mais cela n'explique pas ce qu'il *brettait* ici, au large des baies désertes, entre l'embouchure de la Manicouagan et de la Godbout, il y a... des dizaines d'années.

Gilles court jusqu'au voilier qui flotte à quelques pieds de la rive. Il en rapporte les cartes marines que l'on garde dans le rouf.

Sans mot dire, il les étend sur le sable. L'une d'elles ne montre que la rive avec tous ses accidents, ses balises, ses fonds et jusqu'au moindre récif.

Il l'étudie longuement avec Pierre; mais aucun ne peut en déduire grand-chose. Sauf que, si le navire était ancré à cet endroit, comme ils le supposaient tous les deux, il demeurerait à l'écart des routes maritimes possibles et assez bien dissimulé. Cela pouvait, d'une certaine manière, confirmer l'opinion qu'il s'agissait de pirates. Mince preuve, cependant.

Mais quand Gilles étale la deuxième carte, l'évidence apparaît. Pierre, navigateur plus expérimenté que Gilles, s'en rend compte aussitôt.

— Regarde, dit-il. Voici l'île d'Anticosti. Voici l'endroit de l'ancrage présumé. Vois-tu ce que je vois?

Gilles doit l'admettre. Le stratagème saute aux yeux.

— Un navire ancré ici peut surveiller le passage d'un bateau qui entre ou sort du fleuve.

— Oui... Maintenant, sais-tu comment les courants se comportent? Pour profiter du plein vent, un navire qui passe de ce côté-ci de l'île doit raser la rive d'assez près.

— D'accord, Pierre.

— Et s'il passe de l'autre côté, il lui faut raser la pointe de la Rivière-au-Renard, doubler le cap de Gaspé et traverser l'entrée de la baie des Chaleurs. Aujourd'hui, avec les navires à hélices, ce n'est plus nécessaire. Mais pour les navires à voile d'alors, c'était inévitable.

— Je vois... Mais le navire naufragé, porteur du coffre, il aurait pu simplement filer sa route, quand la tempête l'a jeté sur la côte...

— C'est possible. Mais puisque l'endroit favorise une surveillance, j'opte pour l'hypothèse d'un pirate à l'ancre. Il avait des complices, à l'ancre aussi, de l'autre côté, dans l'entrée de la baie de Gaspé, ou dans la baie des Chaleurs.

Pierre saisit sa lunette d'approche. Il se rend au bord de la grève et balaye l'horizon. Le matin est clair.

Il revient en branlant la tête d'un air satisfait.

— J'avais raison, dit-il. Même d'ici, je vois une tache sombre au loin. C'est Anticosti. Un peu au large, à l'ancre, on a le moyen de contrôler tout ce qui passe.

La théorie d'un navire pirate à l'ancre devenait de plus en plus logique.

— Faisons un feu, ordonna Pierre. Mangeons et allons dormir. Demain matin, nous commencerons les premières plongées près des brisants.

Jamais Marielle ne consomma un repas avec autant d'appétit. Et jamais une nourriture simple ne lui parut aussi réconfortante et délectable. Quand elle entra dans la cabine avec Liliane, elle tombait de sommeil, et pourtant elle se sentait heureuse et comblée parfaitement.

Demain, à n'en pas douter, se lèvera un aussi beau jour.

UNE ÉPREUVE DE VITESSE

Après avoir acheté la lettre que Jean Lafitte avait adressée à son amie créole, Barazi avait aussitôt mis le cap sur la Nouvelle-Orléans. Il y consulta d'autres documents qui le rassurèrent sur l'authenticité de la lettre.

Là aussi, après de longues recherches à la bibliothèque nationale et dans les archives de la ville et de l'État, il a relu les rapports anciens qui corroborent les faits mentionnés par le corsaire et vu, cette fois, d'autres dossiers de la vieille époque, jusqu'alors inconnus de lui, et par lesquels il a pu établir de façon assez précise l'endroit du naufrage des felouques.

Tâche ardue. Il fallait savoir chercher, puis reconnaître la moindre bribe de renseignement, pour l'ajouter à l'image qui prenait forme.

Barazi examina en outre les cartes marines. Avec plus d'application que n'en avaient montrée Pierre et Gilles, il détermina les distances, calcula la position d'un endroit propice.

Lorsqu'il eut terminé, au bout de trois semaines, il avait à sa disposition une carte patiemment vérifiée: elle suggérait que l'endroit d'ancrage choisi par les felouques devait se repérer à trente milles marins environ au nord-est de Baie-Comeau. C'était précisément la baie qu'exploreraient les jeunes gens dix jours plus tard. Et les brisants signalés dans le rapport du naufrage étaient ceux-là que devaient se proposer de ne pas négliger Pierre et ses camarades, au moment d'effectuer les plongées de recherche.

Quand le *Miramar* doubla le cap et entra dans le détroit de Cabot, il n'y avait aucun doute pour Barazi qu'il se dirigeait droit sur l'épave, et que, dans deux jours et demi, il pourrait commencer les plongées.

Ce même jour, le voilier de Pierre lâchait les amarres à Baie-Comeau, se dirigeant vers le même endroit et dans le même dessein.

Seul Ahmed semblait soucieux sur le navire. Il affichait ainsi un vif contraste avec Barazi, dont l'exaltation montait à mesure qu'il approchait du but.

— C'est un coup de chance, dit-il au Marocain, pour dissiper l'air morose de son complice. Personne n'a jamais mis la main sur nos renseignements. Nous jouons sans l'ombre d'un risque.

— Quelle certitude en avez-vous? La lettre que vous avez achetée, d'autres ont pu la lire, tirer les mêmes conclusions. À mon avis, les épaves ont été vidées depuis longtemps.

Ahmed touchait le point faible dans le raisonnement de Barazi. La lettre avait pu passer par nombre de mains. Il n'avait même pas tiré d'explication cohérente du pouilleux qui la lui avait vendue: l'homme avait tellement ingurgité d'alcool qu'il semblait incapable de joindre deux idées.

Tout au plus Barazi savait-il que le document avait été volé. Mais volé où et quand? À qui? Surtout cela: à qui? Qui pouvait affirmer que des gens n'avaient pas déjà exploité son contenu?

Mais Barazi chassait les doutes de son esprit. Il blâmait Ahmed de les lui imposer, juste au moment où lui souriait la conjoncture de la chance et du destin.

— Avec toi, Ahmed, on mourrait plutôt que de tenter le sort.

C'était vague à souhait. Barazi voulait surtout éviter de vexer le Marocain. Il avait besoin de cet homme et il connaissait sa vindicte prompte comme l'éclair.

Ahmed, très dangereux, était à ménager constamment. Barazi n'accepta donc pas d'entrer avec lui dans une polémique, craignant que, pris par la chaleur de la discussion, il ne vienne à laisser échapper quelque mot regrettable, capable de provoquer la colère du Nord-Africain.

Il se rabattit sur un sujet moins litigieux, les plongeurs jamaïcains. Ahmed les avait embauchés.

— Tu ne doutes pas qu'ils sauront quoi faire?

— De vrais poissons dans l'eau, dit Ahmed. Ils coûtent cher, mais ils valent leur prix.

— Nous devons leur accorder pleine confiance, parce que nous ne pouvons agir autrement, précisa Barazi. Ils seront les seuls à savoir par eux-mêmes. S'ils allaient nous mentir, prétendre qu'ils n'ont pas trouvé d'épave et revenir plus tard piller le butin à loisir...

— Évidemment.

— Voilà ce que je veux dire, grommela Barazi. Comment prévoir?

— Bien payés, ils n'ont pas la réputation de frauder. Des amis, à Kingston, se portent garants de leur honnêteté professionnelle. Qu'exiger de plus?

— C'est peu.

Barazi soupira.

— Je suppose que ça suffira. Ouvrons le bon œil.

Il ne disait pas qu'il surveillerait Ahmed autant que les plongeurs à peau brune. Sa confiance à l'égard de cet homme ne dépassait pas certaines limites fort restreintes. Il l'avait admis à son service lorsqu'il avait dû reconnaître, à son grand regret, que le train de vie imposé par son yacht luxueux et ses constants voyages sur toutes les mers du monde entamaient dangereusement son capital et le forçaient à se procurer de nouveaux revenus.

Un ancien complice, réformé, installé à Tanger hors de toute juridiction, avait recommandé Ahmed. Homme sûr, disait-il, habile, rusé, impitoyable et sans peur. Parlant couramment six langues, connaissant presque tous les pays du globe, dénué de scrupules et possédant de précieux contacts aux endroits les plus utiles.

Il n'en fallait pas davantage pour que Barazi intéresse le Marocain à ses projets.

Jusqu'ici, il n'avait pas eu à s'en repentir. Dans leurs nombreuses discussions, Ahmed avait présenté de fort intelligentes suggestions. Il y avait de gros coups à monter. Pour peu que Barazi ne manquât point des fonds nécessaires, une entreprise comme le vol de la banque à Calcutta pouvait être répétée avec succès.

À cela, Barazi objectait qu'il ne voulait pas identifier son nouveau nom et son nouveau visage à un crime notoire. Il lui en avait coûté assez cher pour obtenir sa sécurité actuelle; la compromettre par un coup risquant d'échouer lui répugnait.

Ils en étaient là de leurs plans, tous trop dangereux au gré de Barazi, quand le hasard avait placé sur son chemin le pouilleux de la Jamaïque, avec la lettre de Jean Lafitte. Exactement ce que souhaitait Barazi. Le risque ne durerait que le temps des plongées, et il disparaissait ensuite, à la condition de céder de bonne grâce au gouvernement canadien la portion congrue du trésor découvert. Mais si la découverte s'effectuait à l'insu de tous, alors il n'y avait plus aucun risque, car c'était une offense bien mineure, au Pakistan ou à Hong Kong, que d'écouler de l'or. Une peccadille. L'affaire rêvée.

Mais Barazi devinait qu'Ahmed, lui, rêvait de coups moins aléatoires. Un vol d'or en lingot, à Macao, par exemple. Mais il entraînait de lourdes conséquences. Si les autorités n'allaient mettre qu'un demi-enthousiasme à pourchasser les coupables, le syndicat des trafiquants d'or agirait avec énergie, et il disposait de moyens efficaces et rapides. Le *Miramar* et son patron Barazi feraient long feu. Dans chaque port du monde, spécialement en Europe et en Asie, le syndicat comptait sur des affidés de tout repos. Quant à l'Amérique, fort soupçonneuse de gens sans terre comme Barazi, elle n'accueillerait que temporairement le *Miramar*.

Barazi en avait assez de fuir. Il avait fui toute sa vie. Depuis cinq ans qu'il goûtait à la paix, il n'avait pas l'intention de la compromettre.

Restait le coup de la felouque.

Dernier espoir, en somme, à moins d'une imprévisible malchance, pour Barazi, de refaire ses finances sans encourir de risques obsédants. Sur un point, il s'accordait avec Ahmed: la présence de l'or du pirate demeurait incertaine. Mais il préférait cette incertitude aux dangers d'un forfait trop audacieux. Si l'or avait disparu, on prendrait le temps d'aviser.

— Il doit exister, opina Barazi, d'autres endroits sur la terre où l'on peut, sans alerter des syndicats jaloux et des polices vigilantes, mettre le grappin sur un magot. S'il le faut, nous y réfléchirons. Pour le moment, espérons que notre quête présente ne sera pas vaine.

Dans cet état d'esprit, partagé entre la méfiance envers Ahmed et la perspective d'une réussite aisée, Barazi vit avec satisfaction, vers huit heures du soir, clignoter à sa gauche le phare du cap Race. On arrivait au détroit de Cabot. Dans quelques heures, le *Miramar* voguerait en plein golfe. À la vitesse qui le poussait fortement à travers la vague, courte et traîtresse, demain, à la même heure, on apercevrait la Côte-Nord. On n'aurait plus qu'à préciser le point d'ancrage sur les cartes marines et à s'y diriger.

— Espérons, dit Ahmed avec un sourire sarcastique, que nous ne courons pas à la chasse aux fantômes.

Alors que le *Miramar* doublait le cap Race, s'endormaient sur le voilier quatre jeunes gens épuisés par une journée de dure besogne au grand air.

Et cette nuit-là, si le sommeil de Barazi l'importuna de rêves angoissés, celui de Marielle et de Liliane, comme celui de Gilles et de Pierre, fut profond et revigorant.

Dans le subconscient de Marielle, les songes parlèrent d'amour. À Pierre aussi la paix nocturne murmura des mots tendres et lui présenta des images dans lesquelles il se voyait enrichi de la plus belle fille du Canada et de rivières d'or coulant sous le soleil de juin.

L'aube les tira du sommeil. Une lueur qui monta de l'Est vint leur agacer les paupières.

Les forces refaites, le ressort de leur saine jeunesse tendu de nouveau, ils se retrouvèrent sur le pont du voilier, une heure plus tard, réconfortés par une collation substantielle, stimulés par le vent frais du matin, et mis en joie par l'éclat d'un soleil neuf qui fait de la mer une féerie vermeille aux nuances chatoyantes.

— C'est aujourd'hui qu'il faut repêcher l'épave, annonce Pierre. Je vous avertis: nous n'aurons pas la tâche facile.

Gilles déroulait une sonde.

— Je ne me fie pas trop aux cartes, expliqua-t-il. Va pour le large. Mais je crois que la table des marées ici n'est pas parfaite.

On en devait les principales données à Napoléon-Alexandre Comeau, génie méconnu de la Côte-Nord, qui avait passé sa vie à Godbout, à vingt milles marins en haut de Baie-Comeau, et qui avait fourni, tout autodidacte qu'il fût, d'utiles renseignements hydrographiques, biologiques et botaniques aux instituts de science du Canada et des États-Unis. Mais pour précieuse qu'avait été la table de Comeau à son époque, Gilles n'avait pas tort de penser qu'elle pouvait dater, compte tenu des constatations nouvelles et des accidents survenus au fond et sur les rivages. Même des relevés récents avaient besoin de corrections. On ne devait donc pas se fier aveuglément aux indications des cartes.

— Moi, enchaîna Pierre, quand il s'agit des fonds, je me donne un jeu de dix pour cent: ça m'a toujours réussi. Mais j'en connais qui ont obéi aux cartes; ils ont eu de drôles d'aventures... Gilles a raison.

On leva l'ancre, et Gilles sonda minutieusement les fonds, dans un rayon d'un demi-mille autour de l'avancée des brisants. Il lançait les chiffres à Pierre, qui les inscrivait aussitôt en regard du chiffre indiqué sur la carte pour cet endroit.

Ils notèrent ainsi trois erreurs. Fait plus important, ils découvrirent que, devant la ligne des brisants, on touchait le fond à cents pieds, uniformément. Le comportement de la sonde signalait en outre qu'il n'y avait ni remous, ni courant bas, ni retour de jusant. Il semblait y avoir là une sorte d'aire d'eaux tranquilles. Et quand la sonde, par deux fois, s'empêtra en mesurant un fond de onze pieds plus élevé dans un cas et de quatorze dans l'autre, les deux jeunes gens échangèrent un regard de triomphe.

Si c'étaient les épaves!

À dix heures, après un relevé complet, ils jetèrent l'ancre du côté calme des brisants. Ils accostèrent du même coup le voilier à une table rocheuse qui occupait le milieu du récif. Ils portèrent deux amarres bien nouées à des pitons de basalte. L'embarcation stabilisée ne dériverait pas.

— Installons-nous ici, suggéra Pierre, en montrant la surface plane du roc. Nous plongerons de là. Les récifs tombent tout droit, comme un mur dans l'eau.

Ils appliquèrent deux amarres libres aux pitons, les passèrent par une fente naturelle et les raidirent jusqu'au fond de l'eau par une lourde pierre qu'ils mirent quinze minutes à tirer jusque-là et à nouer solidement. Ainsi ils avaient une sorte de cordeguide, un filin où s'agripper pour les remontées.

— Cent pieds, dit Marielle, c'est creux.

— Évidemment, fit Pierre.

— Serez-vous capables de supporter la pression tous les deux?

Pierre haussa les épaules.

— Il faudra bien. Nous descendrons l'un après l'autre, à une vingtaine de pieds de distance. L'eau est claire. Si le premier a des difficultés, l'autre pourra le secourir. Nous serons attachés l'un à l'autre.

— Et nous? demanda Marielle.

— Vous surveillez, vous préparez les bonbonnes de rechange, vous prenez soin de l'équipement.

— Surtout, insista Gilles, vous surveillez. Nous vous laissons une ligne, la même qui nous attache l'un à l'autre. Nous la fixons à cette formation rocheuse. Si nous tirons deux coups secs là-dessus, halez ensemble au plus vite.

La tentative comportait un certain danger. Une sorte d'ivresse s'empara d'eux.

Marielle, qui avait eu envie de protester au début en constatant les périls de l'entreprise, décida de ne rien dire quand elle vit les précautions que prenaient les deux garçons. Elle n'accompagnait pas deux jeunes citadins à l'ignorance téméraire, mais des hommes de la mer; des audacieux, mais assez conscients du danger pour ne négliger aucune prudence. Point de faux courage, nulle bravade inutile. On reconnaissait la limite de ses moyens; on n'éprouvait pas la moindre honte à le manifester.

— J'ai déjà plongé dans cent pieds d'eau, dit Pierre. Mais c'est la première fois que je devrai rester à cette profondeur un certain temps.

Cela disait tout.

— Combien de temps? demanda Liliane.

— Quinze minutes à la fois, répondit Gilles. Nous avons des montres étanches. Mais à tout hasard, minutez ici, en haut, et donnez-nous un signal.

— Pour plus de sûreté, proposa Pierre, convenons tout de suite des signaux. Un coup signifie que les quinze minutes sont écoulées. Deux coups, que nous devons remonter sans tarder.

— Deux coups de nous, deux coups de vous, ajouta Gilles, en cas d'urgence.

— Que peut-il nous arriver? s'enquit Marielle.

Elle montra la mer qui se balançait doucement, bleue et aimable, le soleil dans un ciel sans nuage.

— Par une belle journée comme celle-là...

À la surprise de sa compagne, Liliane hocha la tête et dit:

— Sait-on jamais?

Et les deux garçons d'approuver, car ils ne semblaient rien prendre en ce moment à la légère. Confuse de sa réelle ignorance des choses de la mer, Marielle se tut. Elle ne pouvait imaginer à quel danger elles demeuraient exposées.

Soupçonnant l'embarras de la jeune fille, Pierre dit doucement:

— Tu dois nous croire sur parole, Marielle. Bien des choses peuvent se produire. Pour que tu comprennes mieux, je vais t'en citer une. Notre voilier repose sur un rempart de récifs bas qui rejoignent une falaise. Pour retourner à terre, il faut lever l'ancre ou nager, le cas échéant. Dans le golfe, il y a des sortes de trombes que nous appelons des «coups de chien»:

tempêtes qui s'élèvent subitement, même dans un ciel serein comme celui d'aujourd'hui. Un coup de chien peut démâter un voilier et l'engloutir en cinq minutes. Les vagues, alors, viendraient balayer les récifs. Tu vois dans quelle position nous serons, vous deux en haut, et nous deux au fond, si un coup de chien se produit? Et voilà seulement un risque entre plusieurs autres. Prends notre parole, Marielle. Aucune de nos précautions n'est ridicule ou inutile.

Elle sourit, contrite.

— Excuse-moi, dit-elle.

— Tu n'as rien dit dont tu doives t'excuser, fit Liliane.

— Non, rétorqua Pierre, mais elle a pensé, et c'est parfois pire.

Il vint l'enlacer de son bras et la presser contre lui.

— Surtout, dit-il tendrement, quand on a comme toi un regard qui ne sait rien dissimuler.

Sur cette marque d'affection spontanée, il donna le signal de la plongée.

— Allons-y, Gilles. Attachons-nous. Je passe le premier. Garde l'œil ouvert.

Cinq minutes plus tard, bien au chaud dans leur longue combinaison de caoutchouc, les bonbonnes d'oxygène aux épaules, le visage caché par le masque, les deux robustes garçons plongeaient vers le fond, entreprenant la première étape de leur chasse au trésor.

Il était huit heures du matin.

À ce moment-là, le *Miramar* longeait les Îles-de-la-Madeleine. Le capitaine engagé à Miami par Barazi étudiait la carte côtière, déterminant, grâce aux croquis préparés par son patron, à quel endroit de la côte il devrait d'abord toucher.

Barazi, nerveux, mâchonnait un cigare en surveillant les calculs du marin.

— C'est peut-être une intuition, dit-il, mais je crois que vous devriez réduire la vitesse à cinq ou six nœuds, et n'approcher que prudemment de la côte.

— Vous croyez qu'il y aurait quelqu'un là?

— Non, je ne crois pas qu'il y ait quelqu'un. Mais je veux être sûr de ne croiser personne.

Sans répliquer, le capitaine continua ses calculs.

Quand il se redressa, il avait un air grave.

— Vous avez peut-être raison, dit-il. Du moins d'une façon très générale. L'endroit que nous cherchons coïncide, sur la carte officielle, avec la description lue dans vos documents et le croquis que vous avez fait. Il s'agit d'un point situé entre Baie-Comeau et Franquelin. Dix milles séparent ces deux endroits. Votre baie se trouverait à cinq milles environ de chacun. Je ne connais pas cette côte. La carte mentionne une plage. Que faites-vous s'il y a des baigneurs?

— Selon mes renseignements, dit Barazi, la côte, assez déserte, a des plages peu fréquentées.

— De quand datent vos renseignements?

— Je ne sais pas... L'homme de qui je les tiens et que j'ai questionné est venu en 1958.

— Sept ans, commenta le capitaine. Il se passe bien des choses en sept ans.

Nous abordons un pays neuf, en pleine expansion.

— Je sais.

— Il vaut mieux avancer avec précaution.

Il ordonna au mécanicien de réduire la vitesse à cinq nœuds.

— Nous arriverons à la fin de la journée, au crépuscule.

Avec un vecteur et un compas, il mesura sur la carte la distance à franchir.

— Plus précisément vers huit heures du soir.

— Ça va, dit Barazi. Nous resterons au large et nous irons reconnaître l'endroit pendant la nuit.

— Très bien, confirma le capitaine.

— Je vous offre une consommation paisible, dit Barazi. Vous pouvez venir?

Ils descendirent au salon où Ahmed les attendait. Ils n'ont pas à s'inquiéter. Pour justifier leur présence dans le golfe, ils ont imaginé une consigne valable. Si, par un hasard improbable, un cotre de la gendarmerie royale les arraisonne, ils se présentent comme des sportifs venus s'enquérir des possibilités d'une excursion de pêche dans l'Ungava. Réponse fort plausible. Les papiers personnels de chacun à bord et ceux du navire sont parfaitement en règle. Il n'y a donc aucune raison de craindre des ennuis.

Plus tard, la nuit venue... Mais on pourra plaider un ancrage par caprice, en attendant de décider s'il faut accoster à Baie-Comeau ou continuer plus loin, jusqu'à Sept-Îles. Ancrés de jour, ils prétexteront la pêche par délassement, avant de remonter vers Montréal et les Grands Lacs.

De chacune des manœuvres possibles on a prévu le risque. Un seul pouvait surgir: après la découverte de l'or, l'indiscrétion de quelque témoin. On y parerait alors. Il y aurait folie maintenant de reculer. Crânant, Barazi tendit les verres.

— Buvez, mes amis. Nous arrivons au but. Quelque chose en moi pressent que nous allons réussir.

Et il ajouta, le visage grave:

— L'or est là. Il n'y a qu'à le prendre.

— Voilà, dit Ahmed, tout le problème.

ÉCHEC AU *MIRAMAR*

Les deux frères avaient plongé depuis moins de cinq minutes qu'ils remontèrent.

Curieuse coïncidence: au même instant, Marielle achevait une étrange réflexion. Tout d'abord émue, agréablement émue par le geste de Pierre, elle ressentit, dès la disparition des deux plongeurs sous l'eau, une sorte d'exaspération.

Elle frayait librement avec des camarades, tant à Montréal qu'au lac Beaugé: garçons dont l'âge variait de seize à dix-huit ans. Or, s'ils se montraient le plus souvent frondeurs et sûrs d'eux-mêmes, il ne manquait pas de circonstances où perçait la réalité de leur âge; sous une assurance de parade, s'étalait leur puérilité. Loin de lui déplaire, cette espèce de vérité dans leur comportement rassurait

Marielle. Souvent même, elle avait constaté combien plus mûre et plus en possession de ses moyens se révèle une adolescente si on la compare à un garçon du même âge.

Or, ses comparaisons avantagent Gilles et Pierre. Surtout Pierre. Il a dix-huit ans. Mais Marielle se prend à croire qu'il cache son âge réel et qu'il en a plutôt vingt, peut-être plus. Nulle puérilité chez lui: jamais de fantaisies déraisonnables. Dans son assurance, aucune ombre de pose. En même temps, frondeur et maître de lui-même, il n'affiche pas le moindre camouflage. Et cela, tout à coup, choque un peu Marielle. Elle l'eût voulu sans défense, parfois: elle eût préféré le voir secoué par une émotion, embarrassé par une indécision, une hésitation. Dans cette quête du trésor, pas un instant il n'a perdu son sang-froid. Il a tout organisé, sachant exactement quoi faire et comment le faire. Si bien que Marielle se sent un peu désemparée. Une sensation d'inutilité la gagne et la diminue à ses propres yeux.

Adulée au lac Beaugé, elle dominait sans effort les adolescents bronzés qui formaient une sorte de cour autour d'elle.

Mais comment même espérer dominer ce Pierre, ce beau type de gars, qui parle le langage d'un homme, raisonne en adulte et n'a guère manifesté l'exubérance de sa jeunesse devant elle?

Même là, en plongée, elle l'imagine tel qu'il apparut sur le quai: réfléchi, prudent, habile, certain de réussir.

Est-il sûr d'elle comme de lui-même? L'a-t-il été dès le premier instant? N'a-t-il jamais douté de conquérir le cœur de cette jeune citadine, échouée là comme par hasard? Marielle déteste qu'un garçon se sente sûr de lui-même en ce qui la concerne. Elle se veut maîtresse de la situation et souhaite que le garçon en cause soit sur le qui-vive. Disons perplexe. Et non pas calme, tranquille, comme Pierre, qui semble tenir pour certitude qu'elle sera là s'il le lui ordonne, qu'elle l'aimera au signal... Non, plus elle y songe, plus Marielle s'impatiente. Elle ne doute pas de son amour, à elle, pour Pierre. Mais elle refuse que ce soit une chose aussi prévue, un fait acquis. Pierre devrait douter d'elle. C'est fini, le temps de la possession tranquille de la vérité d'amour...

Et soudain émergent les deux plongeurs. D'un seul jet, comme mus par un même ressort. Et quand Pierre, essoufflé, trépignant, a pu arracher son masque, il se met à danser en rond, à rire, à tracer de grands moulinets avec ses bras. Il vient près de Marielle, la soulève à deux pieds de terre, la fait tourner comme une belle de mai au bout du ruban.

Interdites d'abord, les deux filles s'agrippent aux garçons, essayant de les calmer, d'obtenir d'eux une phrase cohérente.

Mais tout en accomplissant ces gestes plus instinctifs que réfléchis, Marielle sent une grande joie l'envahir. Son exaspération s'envole. Car Pierre, le docte et sage Pierre qu'elle fréquente depuis deux semaines, a soudain disparu. À sa place, elle voit un grand enfant qui libère à sa façon, dans les transports d'une éclatante jeunesse, sa joie, son bonheur.

— Nous l'avons trouvée, dit-il. Nous en avons même trouvé deux!

Il crie, et il semble à Marielle — mais elle peut se tromper — que Pierre, tout en riant, pleure de joie.

Finalement, le calme se rétablit.

— Mes gars, dit Liliane, vous allez maintenant parler avec bon sens. Qu'est-ce que vous avez trouvé?

Gilles, le premier, encore haletant, put décrire la découverte.

— Deux épaves. L'eau est limpide. On distingue la forme parfaitement. Deux petits navires.

— Des felouques arabes, continue Pierre. J'ai assez admiré les lignes des anciennes felouques dans les livres de marine pour le savoir.

— Deux felouques, les voiles rentrées, les mâts intacts, poursuit Gilles. À deux cents pieds l'une de l'autre. Probablement amarrées l'une à l'autre, puis ancrées. Un coup de chien les aura jetées sur les brisants avant que l'équipage ait pu réagir. Les coques sont défoncées, mais le bois n'est pas encore pourri. De bonnes coques.

— Ça devait être rapide, des embarcations pareilles, dit Pierre. Tu as vu la ligne? Même au fond de l'eau, couchées sur le flanc, elles ont l'air faites pour la vitesse.

— Attendez, dit Liliane, ne perdons pas le nord. Vous allez m'expliquer des mystères. L'or que nous avons trouvé date de plus de cent ans...

— Oui.

— Il y a cent ans, des Canayens, si vous me permettez l'expression, habitaient déjà le pays.

— D'accord.

— Que venaient faire alors deux felouques arabes dans les parages?

Cette fois, le grand Pierre offrit la réponse.

Avide de savoir tout ce qui concerne la mer, il a été, dès son jeune âge, fasciné par les exploits des pirates et des corsaires. Cet engouement l'a amené à se renseigner sur les plus fameux, en particulier sur ceux qui ont sillonné l'Atlantique. Captain Morgan et Jean Lafitte naturellement. Il peut donc expliquer à ses compagnons la présence des felouques arabes dans les eaux canadiennes.

— Jean Lafitte, surtout, entreprit plusieurs expéditions vers les côtes de l'Afrique et la Méditerranée. Un chargement d'esclaves noirs valait autant que de l'or. Les pirates arabes, et aussi les négriers qui trafiquaient avec les grands marchands d'Angleterre, utilisaient des felouques, vaisseaux rapides et souples. Il est bien connu que Lafitte captura plusieurs de ces felouques pour les inclure dans sa flotte.

— Alors, interrompit Liliane, ce Jean Lafitte serait venu jusqu'ici?

— Certainement. À l'époque de la grande traite des fourrures, sous la domination anglaise, quand l'Ouest fut exploré et exploité, il y eut, contre des navires anglais chargés de fourrures, de nombreux raids de pirates dans le golfe ou dans l'Atlantique.

— Vos deux épaves seraient donc des bateaux du pirate Lafitte? interrogea Marielle.

Elle croit soudain vivre comme dans un rêve. Ou dans un film. Un film dont elle verrait le déroulement tout en y prenant part, comme un bizarre dédoublement de son être, tant la réalité lui paraît invraisemblable.

Si bien qu'elle tente une protestation.

— Vous voulez me faire marcher par votre mise en scène.

Pierre la regarde avec stupéfaction.

— Marielle! Es-tu folle?

— À quoi rime cette histoire de felouques? C'est bien le mot? Felouques? Des felouques arabes, des négriers, Jean Lafitte, le pirate Morgan... N'avez-vous pas la berlue?

Gilles hausse les épaules et soupire:

— Ma pauvre Marielle, ne fais pas la petite bourgeoise de Montréal, pour qui le monde commence aux frontières d'Outremont. L'histoire confirme ce que tu appelles notre berlue. Si tu l'ignores, tant pis! Mais parmi les plus grandes attaques de pirates, un bon quart ont eu lieu ici, dans le golfe, du temps de Lafitte. Pierre ne raconte que la stricte vérité.

Vexée, mais se rendant compte par l'expression même du visage de ses camarades qu'ils parlent sérieusement, Marielle se tait. Renfrognée, elle choisit de ne plus se mêler à la discussion.

Mais au bout d'un moment, Pierre vient auprès d'elle et l'entoure avec délicatesse.

— Ne boude pas, dit-il. Ça te change trop le visage, et je t'aime moins.

Puis, il la dépeigne de son geste habituel, geste un peu rude, mais qui ne déplaît pas à la jeune fille.

— Petite gourde!

La tendresse de sa voix atténue la dureté de l'apostrophe. Il l'embrasse sur la joue et l'attire vers les deux autres.

— Je vous ramène la recrue Marielle, dit-il. Que faisons-nous maintenant?

— On retourne en bas, dit Gilles.

Cette fois, ils vont à coup sûr, la tâche tracée d'avance.

— Nous descendons les barres d'acier, dit Pierre. D'abord, nous ouvrir un passage à l'intérieur des épaves pour inventorier ce qu'elles renferment.

— La felouque de gauche est éventrée, dit Gilles. Le coffre a dû glisser par l'ouverture. Le courant l'a ensuite emporté jusqu'à la grève. Nous devrions commencer par là. Il y a chance que la même felouque ait transporté d'autres cassettes.

— D'accord, fit Pierre. Avec nos barres et des lampes, nous allons fouiller. Ça devrait être facile. Si l'or vient de là, la chambre forte a cédé et le met à découvert. À moins qu'il n'y ait une cargaison précieuse dans la cale, évidemment.

Ils supputent en quoi peut consister une cargaison précieuse.

— Des fourrures, commence Gilles. Sans valeur: l'eau de mer les a ruinées. Les étoffes aussi. Des bijoux, s'il y en a, sont dans la chambre forte, et l'eau peut les avoir endommagés. Nous verrons. À part cela, que pourrait-il y avoir de précieux?

— D'autant, observe Liliane, que les temps changent. Une chose précieuse autrefois n'a peut-être aucune valeur aujourd'hui.

— Exactement, approuve Pierre.

— Et puis, ce qui nous intéresse, ajoute Gilles, doit avoir résisté à l'eau salée, ou bien se trouver encore à l'abri, grâce à un emballage parfait dans des caisses absolument étanches.

C'était peu probable.

— En somme, dit Pierre, il n'y a que l'or et les bijoux qui nous profiteront.

Cet avis tient lieu de conclusion. Après avoir fouillé la première felouque, ils exploreront la deuxième. Mais ils se disent que ce ne sera probablement pas nécessaire.

Armés de lampes, de barres d'acier, de pinces fortes, ainsi que de filins pour retenir les pièces flottantes, les deux gars plongent de nouveau.

Le soleil ardent se fraie un chemin creux dans l'eau limpide. Si bien que le fond, même à cent pieds, baigne dans une lueur diffuse, verdâtre, qui permet de s'y diriger presque à l'aise.

La felouque repose sur le flanc, à peu près intacte, la mâture en place. Seule la coque, largement éventrée, a dû se fracasser contre les brisants. De structure simple, sans compartiments étanches, le vaisseau a sûrement coulé à pic.

Avant de plonger, Gilles a dit:

— Nous ferons probablement face à des squelettes dans les coursives.

Mais Pierre écarta cette éventualité.

— En cas de naufrage, dit-il, tout le monde accourt sur le pont et tente de sauver le navire. Si l'on ne réussit pas, on se jette à la mer, ou on y est projeté. Nous ne verrons pas de squelettes à bord; ça je ne le pense pas.

Lorsqu'ils s'introduisent par l'échancrure du navire, ils se trouvent devant ce qui leur apparaît comme le quartier du capitaine: sorte de large salon que le maître du lieu a sans doute richement orné, mais dont la mer a ravagé les bois et les dorures. Les meubles, avec encore un air de luxe, gisent pêle-mêle dans un coin où les a déplacés le choc du désastre.

À l'examen, Gilles aperçoit quelque chose qui lui cause de la stupeur. Il fait signe à Pierre et l'attire vers l'encoignure. Sous l'entassement des meubles, ils distinguent, tout au fond et parfaitement reconnaissables, les os mis à nu, rongés par les poissons et blanchis par le sel de la mer, de ce qui fut un homme.

La même pensée traverse instantanément le cerveau de Pierre et celui de Gilles. Cet homme, surpris par le naufrage, dans cette chambre luxueuse, coincé par ses meubles richissimes et noyé là, ne peut être autre que le capitaine. Un homme de Lafitte, pirate comme lui, sans doute.

Il y a de quoi réfléchir. Tout à coup, par-delà un siècle, surgissent, vu la présence de ce squelette à jamais muet, effroyablement seul, des évocations d'autres temps, d'autres mœurs. Pierre secoue l'envoûtement. D'un geste, il entraîne Gilles vers l'autre encoignure. Là, une porte d'un bois que la mer a pourrie est à moitié défoncée. La lampe électrique, grâce à son brillant jet de lumière, révèle une espèce de réduit qui abrite trois autres coffres semblables à celui qu'a livré la grève. Les deux du fond tiennent bien en place; mais le troisième, à l'instar de ce qui a dû se produire pour le premier, commence à se dégager, à mesure que les imperceptibles mouvements des eaux exercent sur lui une pression.

Il suffirait d'une forte tempête au dehors, à la surface, pour provoquer un remous bas qui pousserait facilement l'objet jusqu'à la rive.

Par gestes Pierre suggère qu'il importe de ramener leur trouvaille sur la plate-forme du rocher.

Ils émergent, quelques minutes plus tard, traînant avec eux le premier des trois coffrets engloutis.

L'opération n'a pas langui. Considérant les difficultés qu'ils eurent à remuer les deux coffres du fond, coincés là par le démembrement partiel de la coque, on pouvait s'étonner de voir, à midi sonnant, le trésor aligné sur le rocher.

Il faut dire que les deux adolescentes ont tout autant besogné que les garçons, ou presque. Le troisième coffre étant beaucoup plus lourd, il a fallu le hisser au filin; les deux jeunes filles halèrent, pendant que les deux plongeurs manœuvraient de leur mieux sous l'eau.

Ce troisième coffre, ouvert, révèle une merveille. Les deux autres, comme le premier qui repose dans sa cachette, contiennent des pièces d'or à l'effigie d'un roi d'Angleterre. Dans le dernier, on admire de forts lingots d'or pur, massif, remplissant l'espace jusqu'au fin bord. À lui seul, il vaut plus que les trois autres.

— Nous ne sommes pas seulement riches, dit Pierre, mais très riches. Même si le gouvernement ne nous laisse que dix pour cent de ce butin.

Il évalue la pesanteur, calcule mentalement.

— Je dirais que nous avons droit à cinquante mille dollars environ.

Étonnement général.

— Cinquante mille!

Il refait pour ses camarades, à haute voix, les calculs qui l'ont amené à cette conclusion. Ils sonnent juste.

— Nous sommes quatre, dit Pierre; il revient un peu plus de douze mille dollars à chacun. À notre âge, une fortune. Je pourrai payer mes études moi-même, et il m'en restera assez pour m'établir.

— Moi, je m'achèterai une petite maison, dit Marielle. J'ai, comme mon père, l'obsession de la propriété.

Gilles rêve à son tour. Passionné de mécanique, il mijote des projets depuis longtemps. Il aura un atelier de mécanique marine, pour servir tous les bateaux de plaisance de la région: on en compte beaucoup. Il satisfera ainsi ses deux passions: celle de la mer et des bateaux et celle de la mécanique.

— Je dois faire une autre année d'études techniques, dit-il. Avec douze mille dollars, j'installe mon premier atelier.

Seule Liliane ne formule pas de projets.

— Et toi, lui dit Marielle, qu'est-ce que tu feras avec ton argent?

— Je le place à la banque. Quand j'aurai envie de quelque chose, n'importe quoi, je ferai un chèque.

— Et quand tu auras épuisé tes fonds? interroge Pierre.

— Mon compte de banque sera à sec, et je serai au même point qu'aujourd'hui.

— Raisonnement de linotte, lance Gilles.

— Parfaitement. Mais je me serai payé mes fantaisies pendant un certain temps. Ensuite, on verra.

— La cigale de la fable, note Pierre en riant.

— Si tu veux. Mais la fourmi, c'est pas rigolo, le mal qu'elle se donne, tandis que la cigale, hein, elle chante dans le soleil.

Étendue sur le dos dans le beau jour, Liliane se met à chanter.

— Avouez, dit-elle entre deux couplets, que je suis plus drôle que vous trois. À vous entendre, on dirait des petits vieux. Monsieur va payer ses études; l'autre veut une maison; mon ami Gilles deviendra garagiste. Eh bien moi, j'aurai du plaisir. Ça vaut ce que ça vaut. Pour moi, c'est beaucoup.

Et elle se remet à chanter.

— De toute façon, dit Marielle, n'oublions pas une chose: nous sommes mineurs. Notre argent, c'est nos parents qui vont l'administrer jusqu'à notre majorité.

Il se peut fort bien qu'au lieu d'une villa, j'aie des obligations au porteur, et que toi, Liliane, tu échoues propriétaire d'une maison à deux logements au milieu de Sept-Îles.

— Vous êtes des sadiques. Ça vous réjouit de me doucher à l'eau froide, s'écrie Liliane. Laissez-moi rêver en paix. Un manteau de vison...

Elle énumère sur ses doigts.

— Une montre en diamant, une voiture de sport, un voyage en Floride...

— Tes douze mille vont durer un mois, dit Gilles. Ensuite... tu reviendras m'emprunter des cigarettes.

Ils s'amusent ferme, oublieux de la fatigue. Et pourtant, Pierre et Gilles ont le corps moulu.

— On a travaillé un coup, dans le fond, dit Pierre. Moi, je vote pour qu'on charge les coffres dans le voilier, qu'on retourne à la grève, qu'on bouffe un bon repas. Après, nous flânerons sur le sable. Plus tard, nous verrons si nous devons plonger de nouveau aujourd'hui.

— Plonger de nouveau! s'exclama Marielle. Mais vous l'avez, le trésor!

— Les coffres placés dans la cabine d'une felouque, oui. Mais nous ne savons pas ce qui reste dans la cale. Et nous n'avons pas exploré l'autre felouque.

— Il n'y a pas que ça, renchérit Gilles. Ces deux épaves constituent des pièces de musée, en somme. Ne pourrions-nous pas essayer d'en renflouer au moins une?

— Avec quoi? demande Pierre.

— Une bonne pompe à air. Custaud me prêtera la sienne. En scellant la porte du salon que nous avons découvert, nous pourrions souffler assez d'air dans le navire pour qu'il remonte à la surface.

Il sait bien, en parlant ainsi, que le projet est utopique. Pour le réaliser, il faudrait des ressources techniques considérables.

— Quand nous aurons annoncé notre découverte, dit Pierre, le gouvernement jugera s'il doit renflouer les navires ou non. Ça dépasse nos moyens. Contentons-nous d'essayer de visiter les épaves; c'est déjà quelque chose.

— Contentons-nous, prononça Liliane, d'aller manger. Je meurs de faim.

Ils font chorus, car les quatre éprouvent la fringale caractéristique de la jeunesse en santé, lorsqu'elle a bien travaillé.

— Je mangerais un lion, dit Liliane.

— Moi, un éléphant, dit Marielle, et en commençant par le gros bout.

— Donnez-moi, dit Gilles d'une voix sépulcrale, trois homards comme hors-d'œuvre, huit assiettes de fèves au lard comme plat principal, et cinq tartes à la mélasse comme dessert; vous aurez alors beaucoup fait pour la patrie, qui vous en témoignera une reconnaissance éternelle.

Riant et se bousculant, ils préparent le démarrage du voilier. Avant de dénouer les deux derniers cordages, les garçons se frottent les mains pour se donner du courage et portent sur le pont les lourds coffrets.

— Maintenant, s'esclaffe Liliane, nous voici à bord d'un galion espagnol.

Elle lance un grand cri qui se répercute en d'innombrables échos dans le fjord.

— Larguez les amarres, *muchachos!*

On traverse la baie le temps de le dire. Sitôt à terre, les jeunes filles exécutent le gros du travail.

— Il y a une cuisine dans le voilier, gémit Liliane. Pourquoi ne pas manger là?

— Parce que, dit Gilles, nous préférons manger ici, sur la grève, au grand air.

Le menu importe peu. Ils s'empiffrent deux fois plus qu'à l'accoutumée.

— Rien comme la plongée, dit Pierre, pour vous creuser l'appétit.

On fait honneur aux victuailles simples: fromage, pain croûté, pâté à la viande, jambon, café brûlant, fruits... Mais à ce moment-là, et dans les circonstances, on a le sentiment de participer à un banquet royal.

Après, ils dormirent, tout simplement. Étendus sur le sable, ils se laissèrent gagner par une douce somnolence. La vague vint clapoter délicatement contre le sable. Des mouettes dialoguèrent sans fin au-dessus des flots. Rien d'autre ne troubla le silence. Une paix immense et majestueuse s'épancha sur la baie.

Pierre s'éveilla le premier, à quinze heures. Assis, encore engourdi de sommeil, il examina la mer, d'un coup d'œil qui procédait plus de l'habitude que d'un souci. Et il crut voir, très loin, un point blanc.

Sans quitter la chose des yeux, il touche le bras de Gilles.

— Ne dis rien. Assieds-toi comme moi.

Gilles, tiré brusquement d'un rêve, sursaute, puis s'assoit.

— Réveillé? demande Pierre.

— Oui, oui.

— Regarde là-bas, loin. Est-ce que je me trompe?

Et il pointe du doigt dans la direction du golfe.

Gilles plisse les yeux et scrute l'horizon.

— Un bateau, dit-il. Un bateau blanc. Probablement le *Rimouski,* ou un navire de la compagnie Clarke.

— À l'ancre? questionne Pierre.

— Que veux-tu dire?

— Je l'observe depuis cinq minutes. Il se laisse porter, il n'avance pas.

On discerne tout juste un point blanc, mais l'œil exercé des jeunes garçons sait déduire le mouvement d'une embarcation. Savoir refusé aux simples profanes de la mer.

— Tu as raison, dit Gilles. Il est à l'ancre.

— Le *Rimouski* ne se mettrait pas à l'ancre.

— À moins d'une avarie.

— Peu probable. Les autres bateaux de la Clarke ne voyagent pas à pareille distance de la rive. Il se tient à huit milles, sinon à dix, celui-là. Un petit bateau de plaisance, alors.

— Ou un bateau de pêche, fait Gilles.

— Tout blanc?

— Non, il ne serait pas tout blanc.

— Il n'a pas de mâts.

— Un chalutier. Peut-être le *Mécatina*, du gouvernement.

— Le *Mécatina* est gris.

— Étrange, alors, conclut Pierre. Qu'est-ce qu'on fait?

— Faire quoi? Ça ne nous regarde pas.

— Ça intrigue tout de même.

Pierre se lève.

— Est-ce qu'on plonge encore aujourd'hui?

— Moi, répond Gilles, je suggère de retourner à Baie-Comeau. Nous avons établi notre droit d'épave en trouvant le trésor. Avertissons nos parents. Mettons l'or en sûreté. Demain, nous continuerons nos recherches. Personne ne peut rien contester maintenant.

— Tu as raison.

— Réveillons les filles et appareillons. Quinze heures. Nous serons à Baie-Comeau à dix heures, comme vient le vent. Demain, nous reviendrons avec de l'aide, d'autres amis pour plonger avec nous.

C'est logique. Ils ont établi leur droit à l'épave; ils tiennent vraisemblablement le gros du trésor; inutile de garder plus longtemps le secret. L'exploration complète des felouques naufragées se fera avec d'autant plus de facilité qu'il ne manquera pas de volontaires, voire d'équipement.

— Hé! les filles, debout! crie Gilles. On part.

Dix minutes plus tard, le voilier accoste de nouveau les brisants, pour qu'on y charge les appareils et les outils apportés le matin.

Le travail s'amorce bon train. À cause des coffres et de leur pesanteur, l'arrimage du voilier est difficile. On doit débarquer les cassettes, afin d'équilibrer d'abord les autres charges; ensuite, on replace les coffres de façon que, même si le temps change, même soumise à une virée subite du vent, l'embarcation ne risque point de verser son précieux fret à la mer.

On ne peut s'en tirer en moins d'une heure.

Au large, oubliés tout à coup par les quatre jeunes gens qui s'escriment dans la baie perdue, Barazi et ses compagnons ne demeurent pas inactifs.

Ils ont jeté l'ancre, en effet, n'osant pas s'aventurer trop près avant d'avoir examiné la rive à l'aide de leurs jumelles.

Au point de barre, l'esprit en alerte, Barazi, son capitaine et Ahmed scrutent l'anse, où ils aperçoivent un voilier.

— Il y a des gens, là, dit le capitaine.

Depuis ce temps, ils observent.

Barazi met tout son talent à entretenir l'optimisme.

Des baigneurs, sûrement, selon lui. Des jeunes gens en maraude. Un couple qui cherche une plage discrète.

Il devine presque juste et se trompe dangereusement aussi.

Une heure durant, ils ont ainsi lorgné le voilier de loin. Ils ont vu se dresser Pierre et Gilles, puis les deux jeunes filles. Ils ont assisté au déplacement du voilier vers les brisants.

Dans son impatience, Barazi a ordonné de faire marche avant, à petite vitesse.

La vague agitée du golfe, ce jour-là, le miroitement du soleil sur l'eau peuvent masquer assez longtemps cette prudente avance.

Soudain — ils ne sont plus qu'à un mille —, le capitaine a une exclamation:

— Des coffres... Des coffres anciens!

À ce moment précis, Pierre et Gilles, attentifs à leur travail et ne soupçonnant pas l'approche du *Miramar*, éprouvent quelque difficulté à charger le voilier. En conséquence, ils ont retiré les coffres, les alignant sur le plateau rocheux qui occupe le centre des brisants.

Dans les jumelles, on distingue nettement les détails révélateurs: les couvercles ronds, bombés, les ferrures anciennes...

Barazi a un cri:

— L'or!

Et un ordre catégorique:

— Pleine vitesse avant!

Le *Miramar* bondit sur les flots. Ses moteurs jumelés portent la coque à trente nœuds à l'heure; elle vole presque en effleurant la crête des vagues.

Barazi n'est qu'un volcan.

— Tout le monde sur le pont! Prenez des armes! Il faut nous emparer de l'or!

Le *Miramar* fonce droit sur les brisants. Une bouffée de raison vient alors rafraîchir la fièvre du pirate. Il se retrouve très calme, de ce calme qu'il connaît bien, qui a fait sa force autrefois, et qui l'a servi dans la plupart de ses coups.

S'il procède à une attaque en règle, n'excluant pas la violence, il tombe dans la plus évidente illégalité. Il s'expose à des représailles immédiates. Bien sûr, de jeunes inconnus ont découvert le trésor. Simple coïncidence, peut-être. Ne vaut-il pas mieux jouer de ruse?

Un contre-ordre aussitôt retentit:

— Bas les armes! Arrivons doucement, en touristes. Laissez-moi faire. Autant que possible, évitons la violence.

Ahmed ricane:

— Du joli! L'or est là. Nous n'avons qu'à le prendre. Avant que ces morveux ébranlent leur voilier du dimanche, le *Miramar* sera déjà loin.

— J'ai dit que je ne prendrai aucun risque inutile. Celui-là le serait. Allons-y, mais doucement. Je me charge de tout.

Quand soudain Pierre et Gilles, stupéfaits aperçoivent le *Miramar,* la svelte embarcation n'est plus qu'à une distance d'une dizaine d'encablures. Sur le pont, un homme au visage serein, bien mis, cheveux grisonnants, leur envoie amicalement la main.

Pierre murmure à Gilles:

— C'est le navire que j'ai vu au large tout à l'heure. Que vient-il faire ici?

Gilles hoche la tête, regardant approcher le *Miramar* avec inquiétude. Figées derrière les deux jeunes gens, Liliane et Marielle observent en silence.

Marielle tremble même. Un pressentiment l'avertit que les choses vont mal tourner. Elle tient à la main une jatte thermos pleine de café brûlant, et elle en cherche le bouchon perdu dans le fouillis, par terre. Elle s'immobilise. Par une sorte d'instinct, elle comprend que Pierre et Gilles n'ont pas envie de crâner.

Sur le *Miramar*, rien ne bouge. Ahmed et les plongeurs attendent dans le salon où ils sont redescendus. Barazi continue, sur le pont, à faire figure de monsieur digne. Au poste de commandes, le capitaine manœuvre le petit navire, un matelot à ses côtés.

En apparence, rien de suspect: un beau yacht de plaisance qui effectue un accostage normal.

Une seule chose domine toute la scène, exerçant une fascination magique: les quatre coffres alignés sur le roc. Maintenant bien identifiables. Avec un battement de cœur subit, Barazi leur a jeté un coup d'œil, et il a reconnu l'objet de sa convoitise.

Comment se les approprier?

Ces jeunes gens en train de rembarquer du matériel de plongeurs ne peuvent évidemment pas se trouver là par hasard. Ils ont un filin, des barres d'acier, des crochets. Ils savaient donc ce qu'ils cherchaient: une épave. Ils le savaient si bien qu'ils ont remonté l'or. Tout correspond à ce que Lafitte a décrit: quatre coffres dans une felouque, et celle-ci postée en embuscade dans le golfe... Il n'y a pas d'erreur: l'or de Lafitte est là, à portée de bras.

Pendant que le *Miramar* accoste délicatement, Barazi se demande s'il aura le courage de prendre l'or, quoi qu'il arrive.

Quoi qu'il arrive.

Il met le pied sur le plateau rocheux, immédiatement suivi du matelot qui assure l'amarrage du yacht. À pas lents, mains aux poches de son pantalon, un homme maigre sort du salon, des plongeurs derrière lui; mais Ahmed ne quitte pas le *Miramar*.

La vue des plongeurs noirs, déjà prêts au travail, éclaire l'incident. Barazi n'a pas encore prononcé un mot que Pierre désigne du doigt les Jamaïcains.

— Vous venez à la recherche du trésor? dit-il à Barazi.

Le pirate feint l'étonnement.

— Le trésor?

Il hume le plus benoîtement la fumée de son cigare. Et il répète, le visage traversé par un bienveillant sourire:

— Le trésor, mon jeune ami? Quel trésor?

Son accent, lorsqu'il parle français, tout dans sa manière trop mielleuse met Pierre sur ses gardes. Se tournant vers Gilles, échangeant avec lui un seul regard, il voit que Gilles aussi a deviné. Et il s'en veut de s'être laissé absorber par la tâche du chargement au point que l'embarcation sinistre ait pu s'approcher à la bonne franquette. Plus vigilant, il aurait accueilli les intrus carabine à l'épaule. Ils ont l'avantage maintenant.

Barazi a-t-il lu la pensée qui chemine dans le cerveau de Pierre? Il tend la main dans un geste conciliateur.

— Je vous en prie, dit-il, ne vous inquiétez pas à notre sujet. Des touristes. Nous nous sentions un peu perdus. Apercevant le voilier, nous avons voulu aborder pour obtenir quelques renseignements.

C'est cousu de fil blanc.

Pierre voit à la barre un solide matelot, un homme de la mer: ça se voit au premier coup d'œil. Le capitaine, coiffé de sa casquette à visière, n'a pas, non plus, l'air d'un terrien ou d'un novice de la navigation. C'est un marin expérimenté. Le yacht, des plus modernes, possède même un radar. De telles gens, se sentir perdus dans des eaux parfaitement balisées? À défaut de signes visuels, on pouvait recourir aux relais radiophoniques: il n'en manque pas dans le golfe.

Jusqu'ici, l'entretien n'a mené nulle part. Il faut que l'homme se démasque, le doute risquant de se muer en exaspération. Pierre sent comme une dangereuse panique monter en lui. Il cherche à la maîtriser. L'inconnu n'attend peut-être que ce désarroi pour foncer.

Mais comment? Il n'a pas d'armes. Par les observations qu'il fait à la dérobée, Pierre ne peut conclure à rien de menaçant. Un marin s'occupe, par petits gestes adroits, à maintenir le yacht contre l'appontement naturel. Le capitaine, sorti de la cabine de pilotage et appuyé au rouf, allume tranquillement une cigarette. Les deux plongeurs noirs causent entre eux à mi-voix, en apparence indifférents à ce qui se passe sur le récif. Près du bastingage, il y a l'homme maigre, au visage mince et aux yeux luisants comme des braises; il regarde avec une attention fébrile, mais ne bouge pas.

— Je ne comprends pas, dit Pierre, pour provoquer son interlocuteur à découvrir son jeu.

— Qu'est-ce que vous ne comprenez pas mon jeune ami? demande Barazi.

— Vous dites que vous vous sentiez perdus.

— Une façon de parler, oui.

— Vous n'avez aucun instrument de navigation?

Barazi éclate de rire.

— Je me suis mal exprimé. Nous ne sommes pas perdus au sens géographique. Notre équipement ne fait pas défaut. Mais nous avions des projets... et il nous manque des renseignements que les cartes marines ne donnent pas.

— Des projets?

Pierre se trompe-t-il? Il a cru apercevoir un geste de subite impatience chez l'homme maigre aux yeux ardents. Il le voit s'agiter tout à coup et porter la main droite à la poche de son veston.

— Nous voulons effectuer quelques plongées sous-marines. C'est un sport que nous pratiquons un peu partout. On nous a dit que la côte est riche en épaves.

Pierre a un sourire d'ironie.

— Nous revenons donc au trésor.

— Je vous assure, dit Barazi, que je ne sais pas de quoi vous parlez. Mais si vous avez découvert quelque chose dans vos propres plongées...

Il montre les coffres alignés.

— Tenez, je vois des espèces de coffres. Ils proviennent sûrement d'une épave ancienne. Ils m'intéressent, car j'aime bien les reliques du passé.

— Ah? raille Pierre.

Rien ne bouge encore. Barazi sue à grosses gouttes. De toutes évidence, mais pour des raisons qui semblent mystérieuses à Pierre, plus habitué aux façons franches et directes des gens de la Côte-Nord, l'étranger chercher à temporiser. Il flotte sur la scène une menace, quelque chose de sinistre. Pierre sent qu'à tout moment peut se produire une explosion. Mais de quel côté viendra-t-elle? De ce gros homme, là, devant lui, en sueur, nerveux, qui mâchonne son cigare et n'a plus sa benoîte assurance de tout à l'heure? Ne doit-il pas plutôt se méfier du capitaine, déroutant par son immobilité? Non, plus probablement, l'ennemi, c'est l'homme maigre qui, pour la deuxième fois, manifeste de l'impatience.

— Je consens, dit Barazi, à vous offrir une somme généreuse pour ces cassettes. Et une autre si vous m'indiquez l'endroit où se trouvent les deux épaves.

Il vient de se fourvoyer. À la mention des deux épaves, un pli dur barre le front des deux jeunes gens. Barazi comprend que Pierre surtout, dont il ne sait pas le nom, le porte-parole du groupe, plus costaud, plus musclé que l'autre garçon, a deviné.

— Je dis deux épaves, essaie-t-il de corriger. J'aurais pu dire cinq ou seulement une. Il paraît que plusieurs fois des flottes entières ont sombré ici, dans les premiers temps de la colonie française.

Trop tard. Il parle dans le vide. Le jeune homme a raidi l'expression de son visage. Et par son semblant d'explication, Barazi a suscité chez les jeunes filles une attitude de défiance et d'hostilité.

L'or est là, cependant, et le pirate veut absolument le rafler.

Mais par quel moyen? Barazi s'éponge le front, regardant tour à tour les enfants dressés devant lui. Va-t-il attaquer des enfants? L'opinion publique et les forces de l'ordre ne seront-elles pas immédiatement alertées? Et comment ressortir du golfe devenu une souricière? Capturé, Barazi ne donne pas cher de sa peau. On ne tardera point à découvrir son vrai nom, à le rendre responsable de nombreux anciens crimes: de quoi le faire pendre dix fois. Lui qui désirait goûter la paix dans la retraite, que lui arrive-t-il ici?

Ahmed semble avoir pris une décision. Il saute sur le rocher, se place aux côtés de Barazi. À ce moment, le corsaire tente un mouvement de retraite. Il ne veut plus de cet or. Il pressent l'échec, le drame, la mort. Il murmure à l'oreille d'Ahmed:

— C'est trop risqué. Il faudrait les tuer. Ils savent. Jouons serré; suivons-les. Nous saurons où ils vont déposer l'or et nous organiserons un coup pour cette nuit.

Il n'en croit rien. Les jeunes gens, sur leur garde, ne cachent plus leur défiance. Le seul fait, pour Barazi, d'avoir chuchoté en s'adressant au Marocain rendrait vaine toute tentative subséquente de camouflage.

Barazi n'a pas le loisir d'entendre une réponse possible de la part d'Ahmed. Depuis quelques instants, l'Arabe a résolu de prendre en main les événements. D'un coup de crosse du revolver qu'il a tiré brusquement de sa poche, il abat son maître qui s'écroule, inconscient, le nez brisé.

Ahmed lance un ordre aux hommes du *Miramar*:

— À la tâche! Couvrez ces imbéciles. Vous, les plongeurs, transporter l'or.

De leur côté, Pierre et Gilles, Liliane et Marielle semblent figés.

Ils croient vivre un rêve. Que signifie cette attaque? Ils ont pris les gens du *Miramar* pour des touristes curieux, importuns même. Mais lorsque le gros homme a parlé du trésor... Et cet autre, un Arabe, peut-être, un étranger en tout cas, qui les tient en joue... Aucune pitié dans son regard. À bord du yacht, le capitaine et un matelot, armés de carabines, veillent à ce que personne n'esquisse un geste dangereux.

Que se passe-t-il dans l'esprit de Pierre? Et dans celui de Gilles? Debout, immobiles, impuissants, ils voient déjà les Noirs se pencher sur le premier coffre. Fini, le beau rêve! Des bandits armés... Mais qui sont-ils? D'où viennent-ils? Totalement désemparé, Pierre cherche encore dans sa tête un stratagème pour sortir vainqueur de la situation quand il aperçoit un mouvement.... Il a sous les yeux un étrange tableau. Près du bord de la table rocheuse, assez lisse, le gros homme gît, inconscient. Au-dessus de lui, revolver au poing, Ahmed surveille tout. Au milieu du plateau, les deux Noirs s'apprêtent à soulever le premier coffre d'or. À l'autre bout, Pierre lui-même tient une barre d'acier qu'il allait charger sur le voilier quand le *Miramar* a accosté. Près de lui, Gilles, les bras pendants et bouche bée. Affalée par terre, Liliane, le visage décomposé, regarde avec horreur la flaque de sang qui s'étend sous la tête de Barazi. Un peu de biais et à droite d'Ahmed, Marielle, debout, la jatte thermos de café encore dans les mains.

Le mouvement provient de Marielle. Rapide comme un chat, elle empoigne la jatte par le fond et lance du café brûlant à la figure d'Ahmed. En même temps, elle crie:

— Gilles, la carabine!

Profitant de la confusion, Gilles, avec des réflexes de renard débusqué, culbute par terre, glisse sur le voilier et pénètre dans la cabine en un seul tournoiement. Pierre, obéissant à des réflexes qu'il ne put définir plus tard, se jette lui aussi sur Ahmed et, l'utilisant comme bouclier, le tourne contre les hommes armés qui occupent le yacht.

Liliane ne remue pas. Et les deux plongeurs noirs, optant pour une prudente neutralité, s'immobilisent, accroupis, roulant des yeux de lait.

Le premier coup de feu partit du hublot du voilier. Le capitaine du navire, sans un cri, s'affaissa. Le deuxième coup arracha l'arme des mains du matelot qui accompagnait le capitaine, au moment où il voulut tirer dans le hublot.

Au même instant, le poing de Pierre cassa la mâchoire d'Ahmed, qui s'abattit à son tour sur son patron.

Ce fut tout. Un autre matelot et le mécanicien se rendirent de bon gré. Les plongeurs noirs de même, trop contents de s'en tirer indemnes.

Une bizarre mais triomphante caravane rentra au port de Baie-Comeau.

Pierre et Gilles, dirigés par le mécanicien qui affirmait tout ignorer de l'entreprise, n'eurent pas de peine à s'initier au maniement du beau yacht. On attacha le voilier à la remorque. Et dans cet équipage, les jeunes gens revinrent au port, pour s'amarrer, «comme de vrais navires», selon le mot de Pierre, au quai de la ville.

Réussite d'amour

On peut imaginer la réception qu'on fit à la grande, à l'incroyable nouvelle, non seulement dans Baie-Comeau, mais dans le Québec tout entier.

Le premier ministre lui-même invita les quatre jeunes gens à venir dans la vieille capitale, où ils furent fêtés officiellement et félicités en termes émus.

À Montréal, la télévision s'empara de l'exploit et de ses participants. Les journaux leur accordèrent les honneurs de leurs grandes manchettes, et le cortège qui mena Pierre et ses camarades de la gare à l'hôtel attira une foule nombreuse et enthousiaste.

On n'acclama pas uniquement la découverte de l'or, élément non négligeable de l'affaire, mais aussi la bravoure, l'esprit d'équipe et l'étonnant sang-froid de chacun, lors de la palpitante aventure. Marielle qui eut instinctivement le geste d'inonder Ahmed de café brûlant, obtint des applaudissements exceptionnels lorsque, sur tous les écrans, elle apparut, belle et mince jeune fille, type de l'adolescente moderne, éveillée, sportive, alliant à son charme physique une présence d'esprit et un courage dignes d'admiration.

Mais la gloire lasse à la fin. À Montréal, chez une autre de ses tantes qui l'héberge en l'absence de ses parents, Marielle, la première, en prend conscience.

Ils sont assis dans le salon, Pierre et Gilles, Marielle et Liliane. Ils rentrent tout juste d'une vingtième entrevue télévisée. Fourbus, ils se sont laissés choir dans les fauteuils, savourant le café que la tante a préparé pour eux.

— Moi, dit Marielle, voulez-vous savoir? Eh bien, j'en ai assez!

Personne ne protesta. Ils la regardèrent d'un visage où se lisait même de l'approbation. Pierre surtout. Il soupira en hochant la tête:

— Ce que je donnerais pour me retrouver sur la Côte-Nord, en voilier!

— Avec ça qu'il fait chaud à Montréal, ajoute Liliane. Je n'y étais venue qu'une fois, en hiver, au temps de Noël. On étouffe ici. On manque d'air.

Ils séjournaient pourtant dans une maison bourgeoise, à Notre-Dame-de-Grâce.

— Et les odeurs! s'exclama Gilles. Je ne m'y habituerai jamais. C'est moins qu'un village, Baie-Comeau, en comparaison de Montréal, mais je préfère vivre là qu'ici.

— Vaux mieux, dit Pierre sentencieusement, être gros chien dans une petite place que petit chien dans une grosse. Mon grand-père répétait souvent ce dicton.

Les rires calmés, Gilles s'adressa à Marielle:

— Tu es montréalaise, toi. Comment peux-tu vivre dans une telle ville?

— Je suppose que nous en prenons notre parti. On se fait à tout.

Mais elle nuança aussitôt son affirmation, le regard tourné vers celui de Pierre.

— Je dois dire que je vous comprends depuis que je connais votre Côte-Nord, comme vous dites. C'est vrai qu'on manque d'air ici. Et qu'il y a des odeurs. Je m'ennuie déjà de la mer: elle exerce sur nous une emprise que j'aurais bien du mal à expliquer.

— Sans compter, poursuivit Liliane, qu'avec la mer il y a la santé.

On apprécia une fois de plus le sens pratique de la jeune fille. Alors, le plus sérieusement du monde, Liliane proposa:

— On fait les valises ce soir, et on part demain. D'accord? Par le premier train.

Ils en ont tous assez. Visiblement. Ils ont hâte de retrouver la vie souple et gaie de leurs vacances. Mais la raison dut prévaloir. Pierre, l'homme du bon sens et des décisions réfléchies, les rappela à la réalité.

— Partir demain? Oubliez-vous qui nous devons rencontrer? Le représentant du gouvernement québécois. On a évalué l'or, après l'avoir pesé à son juste poids. Demain, nous saurons quelle part nous revient du trésor.

Et puis, il y avait des plongées qui se poursuivaient à l'anse perdue, besogne confiée maintenant à des techniciens. On ne savait pas ce que les hommes avaient tiré du flanc des deux felouques naufragées.

Des renseignements leur parviendraient le lendemain.

— Évidemment, blagua Liliane, puisqu'il faut gagner cet argent à la sueur de notre front, retardons le départ.

Le lendemain, l'homme du gouvernement se présenta à dix heures du matin. Il affronta quatre jeunes gens à la mine grave et parut s'en étonner. Ce fut leur hôtesse, la tante de Marielle, qui éclaircit le mystère.

— Ils ont hâte de retourner à Baie-Comeau, dit-elle. J'ai offert à ma nièce de passer ici le mois de vacances qui reste. Avec moi. Vous pensez bien qu'elle a refusé. Elle veut suivre les autres, qui considèrent comme une essoufflante corvée de résider dans le four de la grande ville, même pour connaître leur richesse. L'homme, jeune employé des services gouvernementaux, les dérida sur-le-champ.

— Je pars avec vous. D'abord pour respirer l'air pur de la mer, ensuite pour rechercher un autre trésor.

Il apportait des nouvelles fascinantes. La part consentie aux jeunes gens dépassait de beaucoup leurs prévisions. Les plongeurs experts avaient déniché des documents précieux, qui intéresseraient les musées, d'autres objets rares, quelques ballots d'une riche étoffe parfaitement conservée, une cassette de bijoux anciens, d'une valeur inestimable pour les antiquaires et les musées; cela portait le lot de chacun des quatre amis à vingt-cinq mille dollars.

Les deux jeunes filles poussèrent un cri de joie. Gilles, lui, se frotta les mains. Il voyait son garage maritime déjà installé. Pierre, béat, rêva aux études qu'il pourrait se payer, sans obligation de la part de ses parents, et à la somme rondelette qui lui resterait pour s'établir.

Mais encore maître de lui-même, il administra un certain calmant, fait de logique et de raison, aux exclamations naïvement extravagantes de ses camarades.

— Ne vous croyez pas millionnaires; allons. Vingt-cinq mille dollars! Jolie somme, bien sûr. Mais, par les temps qui courent, on ne va pas loin avec ça. Pensez, de plus, que nous sommes mineurs. Marielle l'a remarqué avec sagesse. À moins d'une autorisation de nos parents, nous ne pouvons disposer de notre magot avant notre majorité. De toute façon, il faut raison garder, comme disent les sages.

— Tu as beau prétendre que ce n'est pas une grande fortune, dit Liliane, pour moi, c'est un pont d'or. Actuellement, j'ai trois dollars par semaine pour mes petites dépenses. Avec vingt-cinq mille d'un coup dans mon carnet de banque, tu ne vois pas la différence?

On en convint, et la conversation se termina dans une joyeuse euphorie.

— Nous entrerons en contact avec vos parents d'ici dix jours, conclut leur visiteur. Mais ne vous inquiétez pas, on a tout prévu. Il n'y aura aucune anicroche.

Liesse au cœur, les quatre héros reprirent le soir même le chemin de Baie-Comeau.

— Cousus d'or, comme persiste à le répéter Liliane. Pour notre âge, en tout cas.

Et elle prend des airs qu'elle imagine appropriés aux millionnaires.

Le moment de frayeur vécu sur le rocher, face à une hideuse réalité de l'existence, face à la mort aussi, ils l'ont bel et bien écarté de leur mémoire. Avec le toujours stupéfiant ressort de la jeunesse, ils redeviennent les adolescents dégourdis, sains et gais qu'ils ne veulent pas cesser d'être.

Une telle aventure peut se clore sans épilogue. On pouvait prévoir le sort de Barazi et de ses complices. Leur procès dura longtemps. Il passionna le monde entier, car la police traquait Diego Borges sur les cinq continents. Le pirate mit tout en jeu pour se défendre. Mais, malgré ses bons avocats, il dut payer de sa vie les crimes inscrits à son sinistre dossier.

Le passé d'Ahmed ressemblait à celui de Barazi. Déjà condamné par contumace en France, où il avait accompli ses plus horribles attentats, il mourut, lui aussi.

Les autres complices s'en tirèrent avec des peines variées. Obscurs, ils le restèrent: éclipsés par la dépravation monstrueuse de leur maître. Ils allèrent expier leurs méfaits dans les prisons de leurs pays respectifs. Confisqué, le *Miramar*, dont personne ne voulait, stationna un temps au port de Montréal. Puis, on décida de l'offrir aux jeunes gens, comme supplément à la récompense due à leur exploit.

Ce fut Gilles, le mécanicien, qui en hérita. Pierre préférait les voiliers. De la mer il avait fait son amie; Gilles en fit son associée. Le *Miramar* pouvait rapporter gros, si on savait l'utiliser. Comme yacht pour les excursions de pêche en haute mer, on en aurait souvent besoin.

Les semaines passèrent, menant à terme toute affaire en cours. Après la flambée du procès de Barazi, le yacht vint s'amarrer aux bittes de Baie-Comeau. Selon la loi, on confia aux parents la petite fortune des jeunes gens. Le temps, par quoi mûrissent les plantes, mûrit aussi les adolescents et leur aptitude à l'amour. Le bouton qui vient d'éclore libère la fleur, qui s'étiolera; mais la plante demeure, durable, vivace.

Dernière semaine. Puis dernier jour de vacances. Marielle n'a-t-elle pas rêvé? Revenue à Baie-Comeau, elle a repris le cours antérieur de ses occupations. Mais il y a un je ne sais quoi de changé, non pas tant dans les choses mêmes et les gestes de tous les jours, mais dans leur signification. Ça la déconcerte. Au lieu de l'insouciance heureuse qui a marqué la première partie de sa villégiature, une rage de vivre, au contraire, l'habite et anime Pierre aussi. Non seulement Pierre, mais encore Gilles et Liliane.

Nulle excursion désormais qui n'ait comme perspective la possibilité d'une aventure extraordinaire. Comme si, mis en appétit par un drame à peine croyable, les quatre amis en attendaient d'autres, plus bouleversants encore.

Il y a une autre chose, à la fois grave et plus douce. Plus mystérieuse aussi. Pour sa part, Marielle ne voit rien avec le regard d'avant la tragique affaire. Son amour pour Pierre a pris une dimension nouvelle.

L'amour de Pierre, elle le sent bien, a évolué de son côté: il y entre, comme pour calmer toutes les angoisses, une considération accrue.

Parallèlement, les témoignages sensibles qu'ils se donnent de leur tendresse, même dans les limites d'une prudence et d'un respect auxquels Pierre attache une souveraine importance, comme d'ailleurs à tout ce qui peut engager l'avenir, ont révélé à l'un et à l'autre l'intensité de leur unisson affectif. Pour échapper aux surprises de l'instinct, ils fuient la solitude et rejoignent leurs amis.

Marielle voit en cela les épisodes qui jalonnent normalement le véritable amour. Le changement, qu'elle constate avec une joie profonde, elle le trouve dans la solidité de leur amour, dans son enracinement. Elle ne se juge pas comme un simple jouet de vacances pour Pierre. Elle n'a pas tort. Pour elle aussi, Pierre a plus que les proportions banales d'une amourette dont elle se souviendra à peine «dans un mois, dans un an». Et son angoisse des premiers jours, cette angoisse qui l'a bouleversée au point de provoquer la découverte du trésor, n'existe plus.

Sur le rocher, sur les brisants, lorsque tous ensemble ils ont affronté les bandits, Marielle a eu le geste qui lui revient parfois en d'affreux cauchemars, pour le seul amour de Pierre. En voyant Ahmed braquer son revolver sur le jeune homme, une sorte de peur animale l'a envahie tout entière; à la peur succéda une rage engendrée par un instinct de préservation. Non pour elle-même. Dans ce geste, elle s'est complètement oubliée. Mais pour Pierre. Pour le sauver, elle a lancé le café brûlant, sans réfléchir aux conséquences.

Et quand elle vit Pierre agripper Ahmed et lui serrer le bras, elle se jeta à son tour sur l'Arabe, le griffant au visage, lui arrachant des lambeaux de peau, ne voulant pas que s'atténue l'effet de choc produit par son geste, mais désirant que s'achève par la victoire de Pierre le combat amorcé par elle.

Le coup de poing de Pierre, lorsqu'il avait atteint Ahmed, avait calmé Marielle. Mais il lui semble aujourd'hui que ces quelques instants appartiennent à un rêve. Elle a du mal à se rappeler tous les détails. Ils lui apparaissent lointains, comme d'un autre monde. La seule chose claire et certaine dans son esprit, c'est qu'on a voulu tuer son Pierre et qu'elle n'a pas hésité une seconde à le défendre.

De cela Pierre a clairement conscience. Il a compris ce qui s'est passé. Analysant les moindres circonstances de l'affaire, il doit admettre que si l'on avait pointé le canon d'une arme contre Marielle, lui aussi aurait bondi, méprisant tout danger, n'écoutant que l'appel de son cœur.

Ces réflexions approfondissent le lien qui les unit, donnant à leur idylle un sérieux inattendu.

Les semaines se sont écoulées alors comme un enchantement. De ce temps-là, Marielle en a la certitude, ni Pierre ni elle n'oublieront jamais les moments exquis de mutuelle tendresse, d'échanges confiants, d'éclairantes et compréhensives discussions. Toujours soucieux de logique et de raison, Pierre avertit Marielle:

— Seize ans. C'est jeune pour s'engager.

Elle commente simplement:

— Je le fais les yeux grands ouverts. Plus rien n'aura jamais la même valeur pour moi.

Et elle ajoute:

— Nous avons un but dans la vie. Nos études n'en iront que mieux. En travaillant l'un pour l'autre, si tu le veux ainsi, nous pouvons accomplir des miracles.

Il aime son visage au menton volontaire, la façon de parler en pesant ses mots et son regard fiché dans le sien. De l'apparente tête de linotte, de la fausse enfant prolongée qu'elle a semblé être au début des vacances, il a suffi d'un cadre neuf, de péripéties un peu dures, d'une camaraderie franche et exigeante pour transformer Marielle en adolescente réfléchie, consciente de ses chemins.

— Et si j'avais de gros défauts? insiste Pierre. Si, dans le mirage de ta première ferveur, tu te méprenais sur moi? Les goûts changent...

— Je ne changerai pas, moi. Je sais que tu ne changeras pas, toi. Pourquoi nos goûts changeraient-ils? Le genre girouette ne nous ressemble pas.

Et se lève le dernier jour. Un soleil de septembre à faire étinceler les mousses rouges de Franquelin. Pour les deux jeunes amoureux, une autre excursion dans une baie inexplorée, un autre dialogue intime sur une plage déserte, un autre retour à la petite ville dans le voilier rapide et gracieux.

Le lendemain, à l'aéroport de Hauterive, Marielle montera de bonne heure dans l'avion qui la ramènera à Montréal.

— Tu retrouveras tes amis, souligna Pierre. Tu reprendras ta vie.

— Non, protesta Marielle. Je recommencerai ma vie. C'est important de le dire de cette manière.

La conversation tournait à l'adieu. Depuis deux heures, le soleil de midi déclinait. Il faudrait quatre heures de navigation pour rentrer au port. À Baie-Comeau, il y aurait le tumulte des camarades et des parents. Puis, le matin même, à la dernière minute, un échange muet de regards chargés de souvenirs, un élan soudain, un simulacre de baiser mal appliqué, à cause de l'entourage et de la précipitation, lorsque Marielle franchirait la barrière de la gare aérienne.

Il leur reste un moment de vraie intimité, d'entretien paisible sur le sable où ils se sont assis.

— Je comprendrai, dit Marielle, si tu ne m'écris pas. Je te laisse une porte de sortie.

Il n'accusa pas de rage subite qui eût montré la colère d'être démasqué, caractéristique normale de ces sortes de dialogues entre amoureux de vacances. Il sourit seulement et regarda Marielle avec affection.

— Tu verras bien, enchaîna-t-il doucement.

Elle comprit. Pierre agirait comme elle le souhaitait. Il ne savait pas mentir. Tel qu'elle le connaît, il aurait coupé court, tranché les liens. Ennemi des situations troubles, il faisait front, assumait ses responsabilités.

Il écrirait. Il continuerait. Car les lettres en elles-mêmes ne sont que symboles. Que plus rien n'interrompe le beau rythme qu'ils ont inventé et soutenu deux mois durant, le rythme de deux cœurs battant à l'unisson. Plus rien.

— Rembarquons, ordonna Pierre, en étreignant la main de Marielle pour l'aider à se relever.

À peine debout, elle l'embrassa avec fougue, l'instant d'un éclair, et, dans un frais et large sourire, elle dit:

— Je serai la plus sage, pour une fois. Nous devons retourner.

Elle partit le cœur tranquille pour Montréal.

Un mois plus tard, elle reçut la première lettre de Pierre, la première lettre importante. Il avait écrit un mot, expliquant qu'il avait passé des examens de rentrée au collège, la priant de patienter.

Elle patienta.

Quand l'autre lettre vint, elle l'ouvrit sans angoisse. Elle ne doutait pas d'y trouver ce qu'elle espérait. En mots simples, d'une grande écriture carrée, un peu gauche, mais solide, franche et honnête, Pierre y exprimait son amour et l'assurance de sa fidélité.

L.P.
THE
Thériault, Yves.
L'or de la felouque.   # 1

93-1300

Ecole du Sacré-Coeur
Welland, Ontario